프로 일잘러를 위한
슬기로운
아이패드 생활

프로 일잘러를 위한

슬기로운
아이패드 생활

| 일러두기 |

- 이 책은 디지털 플래너를 활용해 아이패드를 슬기롭게 사용하는 방법을 소개하고 있습니다. QR코드로 '낼나 서식 5종 패키지'를 다운받아 책을 읽으며 다양한 서식을 직접 작성해 보세요. '낼나 서식 5종 패키지'에는 만다라트, 세이빙노트, 감정일기, 건강노트, 스터디노트가 포함되어 있습니다.
- 이 책에 등장하는 회사명, 제품명은 일반적으로 각 회사의 등록상표(또는 상표)입니다.
- 이 책은 아이패드와 굿노트를 중심으로 설명하고 있습니다.
- 이 책에서 설명하는 굿노트는 Goodnotes 5 버전으로, 실행과정은 독자의 디지털 기기나 프로그램 버전에 따라 일부 다를 수 있습니다.
- 이 책에서 제공되는 서식은 아이패드에서 사용하는 목적으로 만들어진 디지털 파일 상품입니다. 다른 기기(스마트폰 등)에서도 사용할 수는 있지만, 하이퍼링크 오류, 화면이 작아 글씨를 쓰기 어려운 점 등의 이유로 추천드리지는 않습니다.
- 이 책에서 제공되는 모든 '낼나 서식'은 법적 보호를 받고 있는 지적재산입니다 (Cppyright ⓒ 2020 by 내일을 나답게 All rights reserved). 책을 구매하신 분에 한해 개인 용도로만 사용 가능하며, 어떤 형태로든 재판매 및 가공할 수 없습니다. 무단복제 및 도용, 상업적 이용시 관련 법규에 의거하여 처벌될 수 있음을 알려드립니다.
- 책의 내용과 관련된 문의사항은 저자(nelna.lizzy@gmail.com)에게 연락해 주시기 바랍니다.

자기계발부터 목표관리, 취미생활까지 **아이패드 100% 활용법**

프로 일잘러를 위한

슬기로운
아이패드 생활

이지은(리지) 지음

천그루숲

안녕하세요, 여러분! '슬기로운 아이패드 생활'에 대한 이야기를 본격적으로 시작하기 전에 간단한 제 소개를 먼저 해볼게요.

저는 '스마트 라이프스타일 크리에이터' 리지입니다. '스마트 라이프스타일'이라는 말이 생소하게 느껴지나요? 쉽게 말하면 '똑똑하게 잘 살아보자'는 의미입니다. 저는 아이패드를 포함해 각종 스마트 기기를 실생활에서 100% 활용하는 노하우를 담은 유튜브 콘텐츠를 만들고 있어요.

저는 이 책에서 저의 최애템인 아이패드를 가지고 어떤 것들을 하고 있는지에 대해 여러분과 함께할 거예요. 그 전에 여러분께 묻고 싶은 게 있어요. 여러분은 새로운 아이패드(또는 스마트 기기)가 출시되면 관심이 생기고, 그것이 꼭 갖고 싶고, 왠지 없으면 유행에 뒤처지는 것 같고 그런가요? 유튜브에서 공부 잘하는 의대생, 미국에서 유학하는 친구들, 일 잘하는 전문가들이 아이패드를 똑똑하게 사용하는 것을 보고 '나도 아이패드가 있으면 왠지 잘 쓸 수 있을 것 같고, 더 열정적으로 살아갈 수 있을 것 같아!'라는 생각으로 머릿속이 가득찬 적 없었나요?

적어도 저는 그랬어요. '아이패드가 생기면 더 멋지게 생활하고 일도 잘할 수 있을 것 같아!'라면서 마치 무언가에 홀린 듯 결제를 했고, 거금을 주고 산 아이패드는 저의 모든 것을 편리하게 해줄 것만 같았어요.

그렇게 아이패드를 만나 처음 1주일 정도 아이패드를 탐구하는 동안은 모든 것들이 정말 새롭고 신기했어요. 앱스토어에 들어가 좋다고 추천하는 앱들을 수없이 검색하며 다운받았고, 당장 필요하지 않은 앱들도 깊은 고민 없이 결제하기 바빴죠.

하지만 정말 신기하게 열흘도 지나지 않아 그 열정은 바람과 같이 사라지고 어느 순간 넷플릭스를 보는 작은 텔레비전으로 변해 있었어요. 그때부터 머릿속에 작은 목소리가 맴돌았죠. '영화나 보려고 아이패드 샀나?'

맞아요. 원래 아이패드를 샀던 이유는 분명 '아이패드를 잘 활용해 더 멋진 삶을 살기 위해서'였는데…. 막상 저질러 놓고 보니 생각보다 제대로 쓰는 게 쉽지 않더라고요. '도대체 나는 왜 유튜브에서 본 그들처럼 제대로 쓰지 못하는 걸까?'라는 생각을 진지하게 하게 되었어요. 열심히 고민해 보니 얼추 답이 나오더라고요.

우리가 아이패드를 사게 만든 공부 잘하는 의대생과 유학생들의 삶이 저의 삶과 완전히 달랐던 거예요. 그들이 아이패드를 잘 사용하는 멋진 모습만 보았지, 내 생활에서 어떻게 활용하면 좋을지는 고민하지 않고 덥석 샀던 것이 가장 큰 원인이 아니었을까 하는 생각이 들었죠. 그저 아이패드를 가지고 싶었던 나를 '스스로 합리화시키기 위해' 구매 직전까지 수없이 담금질했던 '잘 쓸 수 있어!'라는 막연한 열정만 있었던 거예요.

이런 고민과 자기반성 속에서 유튜브와 블로그를 넘나들며 내가 아이패드를 잘 활용할 수 있는 방법을 찾아 봤어요. 그리고 '굿노트'라는 앱을 만나게 되었죠. 끄적끄적 글을 쓰고 그림 그리는 것을 좋아하고, 종이 없는 삶을 지향하는 저의 취향과 굿노트는 환상의 조합이었어요. 또 사진 보정과 영상 편집도 아이패드만으로 충분히 할 수 있다는 것을 알게 되었어요.

이렇게 조금씩 조금씩 아이패드가 제 일상에 들어오면서 점점 더 성장하게 되었고, 내일이 기대되는 하루하루를 살게 되었어요. 그리고 이런 저의 아이패드 생활을 더 많은 분들께 알려드리고 싶어서 이렇게 글까지 쓰게 되었답니다.

제가 꼼꼼한 성격이라 처음부터 아이패드로 플래너를 쓰며 목표관리를 했던 건 결코 아니에요. 다만 내가 '어떻게' 살아가고 싶은지, 나다운 나는 '어떤' 사람인지를 찾는 과정에서 아이패드가 얼마나 도움이 되었는지, 또 디지털 플래너를 기록하며 예전과는 어떻게 달라졌는지 그 모습을 보여드리고 싶었어요.

지금부터 똑부러지게 일하며 나다운 삶을 사는 데 도움이 되는 아이패드 활용법과 '어떻게 하면 좀 더 똑똑하게, 하고 싶은 일을 제대로 할 수 있을까?!'라는 고민 속에서 만든 디지털 플래너 사용법을 소개해 드리려고 해요. 자, 이제부터 저와 함께 나다운 삶을 위한 '슬기로운 아이패드 생활'을 함께 시작해 볼까요?

이지은 드림

차 례

PART

1

아 이 패 드 가 생 겼 어 요

PART

2

프로 일잘러를 위한
디지털 플래너 100% 활용법

● ○ ○

이 책은 막상 아이패드를 사놓고 나니 어떻게 써야 할지 막막한 분들에게 도움을 드릴 수 있도록 저의 아이패드 사용법을 꾹꾹 눌러 담은 책이에요. 나에게 꼭 필요할 것만 같았던 아이패드, 남들처럼 멋지게 써보고 싶었던 그 마음을 잘 알고 있기에 깨알같은 활용법과 저만의 노하우를 모두 담았답니다. 책을 읽어 나가다 보면 여러분은 더 이상 아이패드로 넷플릭스만 보는 것이 아니라 아이패드를 슬기롭게 활용해 프로 일잘러가 되고, 더 나다운 삶을 찾게 될 거예요! 이 책은 다음과 같이 구성되어 있어요.

PART 1 아이패드가 생겼어요

애플 직원은 아니지만, 열심히 애플 제품을 사 모으며 사과농부의 삶을 살아가고 있는 제 이야기를 담아봤어요. 아이패드를 사게 된 이유부터, 어떻게 아이패드를 활용해 똑똑하게 일할 수 있었는지, 이로 인해 제 삶이 어떻게 달라졌는지 말이죠. 이미 아이패드를 가지고 있는 분들에게는 자극이 될 수 있고, 구매를 망설이고 있는 분들에게는 아이패드 병을 자극할지도 모르겠네요.

PART 2 프로 일잘러를 위한 디지털 플래너 100% 활용법

스마트하게 일하고 일상을 기록할 수 있도록 디지털 플래너 활용법을 구체적으로 알려드립니다. 아이패드로 월간·주간·일간 계획을 작성하는 법부터 만다라트로 장기 목표를 세우는 법까지 알려드릴 거예요. 하루하루, 일주일, 한 달 계획을 손으로 꼼꼼하게 기록하다 보면 더 창의적이고 효율적으로 일할 수 있으니 집중해서 보면 좋을 것 같아요.

PART 3 더 나은 내일을 위한 슬기로운 아이패드 생활

더 나은 내일을 위해 아이패드로 삶의 질을 향상시키는 법을 알려드려요. 여행지에서 찍은 사진을 그때의 분위기에 맞게 예쁘게 보정할 수도 있고, 여행 사진을 가지고 영상으로 편집할 수도 있죠. 또 예쁜 디지털 스티커를 만들 수도 있고, 영화를 보며 영어를 공부할 수도 있어요. 아이패드를 활용해 언젠가 덕업일치(덕질 = 일)하는 날을 꿈꾸며 읽어 보면 좋을 것 같아요.

● ● ○

PART 4 나다운 삶을 위한 나만의 서식 만들기

나다운 삶을 만들기 위해 제가 지금까지 서식을 제작할 때 사용한 5단계 프로세스를 먼저 알아볼 거예요. 그리고 아이패드를 활용해 프로 일잘러가 되고 싶은 여러분을 위해 업무에 바로 활용할 수 있는 기획노트와 프로젝트 플래너를 만들어 볼 예정이랍니다. 인터넷에서 다운받아 사용하는 서식이 남의 옷처럼 불편했다면, 여기서는 맞춤정장처럼 나에게 꼭 맞는 서식을 만들어 볼 거예요. 또 하루를 정리하는 '일기장'과 그날그날의 감정을 정리하는 '감정일기', 현명한 소비를 이끌어 주는 '세이빙노트', 그리고 현대인들의 식습관과 운동습관을 관리할 수 있는 '건강노트'를 소개하면서 여러분에게 필요한 서식을 기획하는 방법을 알려드릴게요.

제 삶이 처음부터 잘 갖춰진 삶이 아니었지만, 아이패드라는 도구를 만나 항상 곁에 두고 활용하다 보니 조금씩 나다움을 찾게 되었어요. '나는 원래 이런 거 못하잖아' '이번에도 제대로 활용하지 못할 거야'라고 생각할 필요가 전혀 없어요.

여기서 소개하는 여러 방법들을 따라 활용해 보고, 플래너를 꾸준히 기록하다 보면 조금씩 나아지는 나를 발견할 거예요.

하고 싶은 것도 많고 이루고 싶은 것도 많은 여러분에게 제 이야기가 조금이나마 도움이 되기를 바라며, 우리 모두의 '나다운 내일'을 응원합니다.

PART

1

Smart Life Style with IPAD

아이패드가 생겼어요

제가 아이패드를 산 이유는요!

나의 첫 번째 아이패드

저의 첫 아이패드는 대학교 1학년 때 중고로 구입한 1세대였어요. 참고로 아이패드 1세대 제품은 2010년에 출시되었는데, 조금 커다란 아이폰 정도로 생각하면 이해가 쉬울 거예요.

당시 저는 블로그에 하루하루를 기록하는 재미에 푹 빠져 있었는데, 블로그 이웃 중에 인테리어 사진을 많이 올리는 블로거가 있었어요. 사진 속에는 꽃을 활용한 예쁜 인테리어와 함께 화려한 꽃무늬의 캐스키드슨 케이스를 씌운 아이패드가 책상 위에 올려져 있었는데, 아이패드 자체만으로 인테리어가 완성되더라고요.

한 번 아이패드에 꽂히니 주변의 어떤 인테리어 요소도 아이패드가 없으면 안 될 거 같다는 생각이 강하게 들었어요. 건축을 전공하던 저는 예쁜 인테리어와 그분의 취향을 닮고 싶어 결국 아이패드를 지르고 말았답니다.

그런데 막상 예쁜 사진만 보고 충동적으로 구매하다 보니 역시나 아이패

인테리어용으로 사용했던
나의 첫 번째 아이패드

드를 제대로 활용하지 못했어요. 또 당시의 아이패드는 특별한 기능이 있었던 것도 아니어서 거의 영화나 드라마 시청용으로만 사용하다 그마저도 시들해져서 어느 순간 책상 서랍 속에서 잠들어 버렸어요. 오랫동안 쓰지 않은 아이패드는 결국 완전히 방전되어 수명을 다하게 되었고, 그 후로 아이패드는 제 관심 속에서 완전히 사라져 버렸어요.

나의 두 번째 아이패드

그리고 몇 년이 지났어요. TV와 포털사이트, SNS에 아이패드 신제품이 나온다는 광고가 도배를 했지만 애써 무시했죠. 하지만 지름신은 끝까지 저를 괴롭히더라고요. 친구들은 SNS에 계속 구매 인증샷을 올리고, 유튜브에는 수많은 사람들이 아이패드 활용법과 아이패드로 공부 잘하는 방법을 자랑하고 있었어요. 그중에서 유독 '애플 펜슬'로 메모를 하고, 아이패드 화면에 글씨를 쓰고 그림을 그리는 장면이 머릿속에 남아 계속 떠돌더라고요. 결국 서랍 속에서 죽어간 아이패드의 존재는 까맣게 잊은 채 '내가 아이패드를 꼭 사야 하는 이유'까지 만들며 월급 타는 날만 기다리다 결제를 하게 되었어요.

'매일 아이패드로 다이어리라도 열심히 쓰면 또 서랍장에 처박아 두는 일은 없을 거야'라는 결심을 하면서 말이죠.

● 내가 아이패드를 꼭 사야 하는 이유

1 다이어리를 쓸 수 있음

2 필기구를 사는데 돈을 쓸 필요가 없음(50가지 색깔 볼펜, 색연필을 사는 것보다 훨씬 경제적임)

3 카페에서 아이패드를 쓰는 사람을 보면 괜히 멋져 보임. 있어빌리티 상승

4 굿노트 앱을 쓰고 싶음(굿노트 : iOS용 노트 필기 앱)

5 종이책을 사지 않고 전자책ebook으로 읽을 수 있음(실제로 한 달에 한 권도 안 읽지만 아이패드를 사면 왠지 많이 읽을 것 같은 느낌적인 느낌)

6 나만의 TV가 생김. 이제 더 이상 거실에서 리모콘 전쟁을 하지 않아도 됨

7 나는 이미 아이폰과 맥북이 있으니 왠지 아이패드도 있어야 할 것 같음(사과 농장 확장)

8 그림 그리는 걸 좋아하니 나만의 일러스트를 그려보겠음

9 나는 n년 차 유튜버니까 영상 편집도 해야겠음

10 친구들에게 자랑하고 싶음

11 그리고 이번 달은 내 생일이니 나에게 주는 생일선물임

결론 | 나는 아이패드를 잘 활용해 슬기로운 생활을 할 것이다!

애플 직원은 아닙니다만

"다른 태블릿PC도 많은데 왜 꼭 아이패드여야 해?"라고 질문하는 사람들이 많이 있어요. 이에 대해 제 입장에서 제가 아이패드를 선택한 이유를 말씀드려 볼게요(참고로 저는 애플 직원은 아닙니다).

막강한 무기, 애플 펜슬

아이패드가 처음 나왔을 때(1세대)에는 주로 웹서핑과 영상 시청 위주의 태블릿PC 용도로 사용했어요. 이때는 당연히 펜슬이 없었으니 딱히 영상을 보거나 게임을 하는 정도였죠. 하지만 애플 펜슬을 사용할 수 있는 다양한 종류의 아이패드가 나오면서부터는 사용범위가 거의 무한대(?)로 늘어나며 글과 그림 등의 콘텐츠 생산, 즉 창의적인 활동을 할 수 있게 되었어요.

저 역시 지금은 애플 펜슬을 이용해 다이어리 쓰기, 그림 그리기, 유튜브 편집, 썸네일 만들기, e-book 읽기 등 콘텐츠 창작부터 소비까지 다양한 활동을 하고 있어요.

아이패드의 기능을 거의 무한대로 확장해 주는 애플 펜슬

다양한 앱과 빠져나올 수 없는 애플 생태계

저는 평소 어떤 좋은 앱이 나왔나 확인하기 위해 앱스토어를 자주 들어가는데, 최근에는 맥북에서 사용하고 있는 전문 프로그램들도 아이패드용 앱으로 많이 개발되고 있어요. 그만큼 아이패드의 활용도가 높아지고 있는 거죠.

아이패드 앱의 경우 안드로이드 앱보다 종류가 다양하고 사용자도 많아요. 앱을 만들어 앱스토어에 등록하려면 심사절차가 까다롭고 비용도 많이 들기 때문에 애플 앱스토어에 올라오는 앱들은 어느 정도 품질이 보장되어 있어 대부분 믿고 다운받을 수 있어요. 특히 전문직 종사자를 위한 디자인, 생산성 앱들이 다양하게 있어 더더욱 직장인이나 프리랜서, 대학생들에게 아이패드를 추천하고 있어요.

또 아이폰과 맥북을 같이 사용하고 있다면 아이클라우드와 에어드롭, 앱 동시 사용 등 기기 간 연동성이 뛰어나 편리하게 활용할 수 있답니다.

에어드롭으로 눈 깜짝할 새에 아이폰과 파일을 주고받을 수 있어요.

굿노트를 쓸 수 있어요

제가 아이패드를 쓰면서 가장 많이 사용하는 앱은 '굿노트GoodNotes'라는 노트 앱인데요, 이 앱은 안드로이드 운영체제에는 지원되지 않고 iOS에서만 사용할 수 있어요. 기본적으로 몇 가지 노트 서식을 제공해 주기도 하지만, 직접 만들어 사용하거나 블로그와 카페를 찾아보면 예쁘고 실용적인 굿노트 서식이 많이 있으니 다운받아 사용하는 것을 추천해요.

굿노트 앱의 가장 큰 특징은 하이퍼링크가 지원된다는 거예요. 하이퍼링크는 특정 부분을 클릭해 다른 페이지로 쉽게 이동하게 해주는 기능으로, 페이지가 많은 다이어리 서식에서 유용하게 사용하는 기능이랍니다. 물론 '굿노트'가 최고의 앱이라고 할 수는 없겠지만 지금까지 나온 노트 앱 중에서는 제작한 서식을 불러와 쓰기에 가장 편리하고 다양한 기능이 있어 많은 사람들이 사용하고 있어요.

저는 대부분의 필기를 굿노트로 하고 있답니다.

환상의 짝꿍 : 아이패드＋애플 펜슬

필기가 타이핑보다 창의적이다

큰 결심을 하고 다시 아이패드를 구입했으니 '이번에는 제대로 써보자'는 마음으로 아이패드 사용법을 열심히 공부했어요. 블로그와 카페, 유튜브에서 다른 사람들이 어떻게 아이패드를 사용하고 있는지 찾아보니 생각보다 아이패드로 할 수 있는 것들이 정말 많더라고요.

◉ **아이패드로 할 수 있는 것들**

✔ 노트 정리 ✔ 영화, 드라마 보기

✔ 책 읽기 ✔ 카톡

✔ 웹서핑 및 스크랩 ✔ 팟캐스트 듣기

✔ 그림 그리기 ✔ 사진 편집하기

✔ 게임 ✔ 인터넷 강의 수강

✔ 다이어리 쓰기 ✔ 영상 제작하기

✔ PPT 만들기 ✔ 문서 작업

저도 아이패드를 가지고 이것저것 해보기 시작했어요. 회의를 할 때는 '굿노트' 앱에서 회의록을 작성하고, 강연을 들으러 갔을 때에는 강의내용을 '컨셉' 앱에서 마인드맵으로 정리를 했죠. 마인드맵을 자주 그리다 보니 자연스럽게 아이패드로 그림을 그리는 것도 익숙해졌어요.

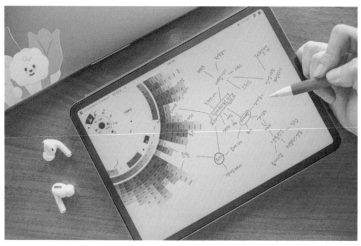

컨셉 앱은 무한대로 캔버스의 확장이 가능해 마인드맵을 그리기 좋아요.

손으로 글씨를 쓰거나 그림을 그리면 타이핑을 할 때보다 뇌가 두드러지게 활성화된다고 해요. 인디애나대학의 뇌과학 담당 카린 제임스 박사에 의하면 '어떤 종류의 글쓰기든 뇌에 엄청난 도움을 주며, 메모를 타이핑하기보다 직접 손으로 쓸 때 더 많은 정보가 습득된다'고 하더라고요.

물론 어떤 작업을 하는지에 따라 다르겠지만, 저는 생각이 필요한 때만큼은 손으로 글을 써내려가며 작업하는 것이 훨씬 도움이 되더라고요. 그래서

프로 일잘러를 위한 슬기로운 아이패드 생활

저는 영상 기획, 서식 개발, 새로운 아이디어를 위한 회의를 할 때 노트북으로 타이핑하기보다 아이패드에 펜슬로 직접 쓰는 편입니다.

특히 아무것도 없는 백지 같은 상황에서 아이디어를 구체화시켜야 할 때는 마인드맵이나 81칸의 사각형으로 이루어진 만다라트 같은 도구를 활용하면 머릿속에 담고 있던 생각을 가시화하는데 많은 도움이 될 거예요. 만다라트 활용법은 파트 2에서 따로 소개할게요.

한 해의 목표를 설정할 때에는 만다라트에 손으로 직접 써가면서 한답니다.

무조건 메모하는 것이 전부는 아니다

아이패드와 애플 펜슬에 익숙해지다 보니 어디를 가더라도 아이패드를 꺼내놓고 적는 습관이 생겼어요. 처음에는 아이패드에 깔려있는 메모 앱을 사용했는데 불편한 점이 많아 남들이 많이 추천하는 필기 앱 '굿노트'를 다운받아 사용했어요. 하지만 사용법을 모르고 쓰다 보니 특별하게 좋은 점을 모르겠더라고요. 그러다 문득 '다른 사람들은 굿노트를 어떻게 사용하고 있을까?'라는 생각이 들었어요.

다시는 열어보지 않을 것 같은 백지 노트 필기

'굿노트'에서 기본적으로 제공하는 서식은 무지 노트나 일반 줄글 노트 같은 것들이 전부여서 그 위에 필기할 때마다 빈 노트에 무언가를 채워놨다는 느낌만 들었지 그곳에 필기한 내용을 다시 들춰보고 싶은 마음이 들지 않더라고요. 특히 모든 노트북의 표지가 같으니 제목을 바꿔도 직관성이 떨어지고 아무 곳이나 휘갈겨 쓰듯 적어놓은 메모들이 너무 많아서 한눈에 보기도 어려웠어요. 굿노트는 검색이 잘된다고 하는데 대충 휘갈겨 써넣으니 당연히 찾고 싶은 내용이 있어도 쉽게 찾을 수가 없었어요. 이렇게 메모를 하다가는 아이패드에 손으로 필기를 하는 것이 의미가 없겠다 싶어 굿노트를 잘 사용하는 사람들의 사용법을 다시 눈여겨보니 많은 사람들이 자기만의 노하우가 담긴 서식을 만들어 사용하고 있더라고요.

프로 일잘러를 위한 슬기로운 아이패드 생활

나만의 노트를 만들어 보자

이때부터 저는 나에게 맞는 나만을 위한 서식이 필요하다는 생각을 했어요. 줄만 그어져 있거나 백지상태의 노트 양식보다는 회의, 미팅, 기획안 작성 등 상황에 맞는 업무용 서식을 만들거나 다른 사람들이 만든 서식 중에서 괜찮은 것을 다운받아 나에게 맞게 발전시켜 사용하면 훨씬 효율적이겠다는 생각이 든 거죠. 그러면 백지 노트에 아무렇게나 적었다가 찾지 못하는 상황이 생기지 않을 거 같더라고요.

하지만 여기저기서 다양한 서식을 찾아보았는데, 막상 제 생활패턴을 잘 담아줄 마음에 드는 서식이 없었어요. 그래서 이왕이면 제대로 해보자라는 생각에 UI/UX 디자이너인 친구 '쌤'과 함께 우리와 같은 고민을 하는 사람들의 패턴을 분석해 이들이 편하고 알차게 사용할 수 있는 디지털 플래너를 만들어 보기로 했습니다. 그렇게 심혈을 기울여 만든 작품이 바로 아이패드용 디지털 플래너인 〈낼나 다이어리〉였어요. 〈낼나 다이어리〉에 대해서는 파트 2에서 자세히 말씀드릴게요.

TIP **굿노트에서 폴더와 문서 관리하는 법**

굿노트에 무작정 메모를 하다 보면 어느 순간 메모를 찾을 수 없는 상황이 발생해요. 대부분 '노트북'을 생성해 메모를 한 후 제목을 적지 않고 방치하기 때문이에요. 그래서 저는 '프로젝트' '미팅' '회의' 등 항목별 폴더를 만들어 놓고 그 폴더 안에 관련된 문서를 저장하고 있어요. 마치 컴퓨터에 폴더를 만들어 관련 문서를 저장하는 것과 비슷해요. 이때 낱장으로 되어 있는 노트북의 경우에는 어떤 노트인지 제목을 명확하게 적어 한눈에 볼 수 있게 하거나, 표지 자체를 없애 내용을 바로 볼 수 있도록 저장하는 편이랍니다. 그래야 검색을 할 때 잘 찾을 수 있고, 필요한 때 열어보게 되더라고요.

그리고 자주 사용하는 폴더나 노트북의 경우에는 ★ 표시로 즐겨찾기를 해두면 눈에 잘 띄어 편리하게 이용할 수 있고, 즐겨찾기 탭에서 모아볼 수도 있어요.

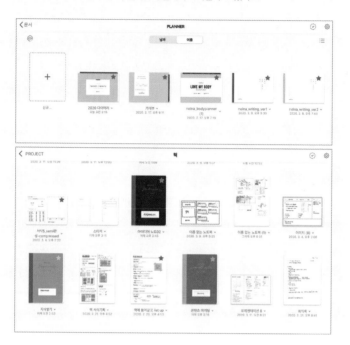

프로 일잘러를 위한 슬기로운 아이패드 생활

04

종이 없는 삶의 시작

페이퍼리스 라이프

여러분은 요즘 우리 주변에서 종이가 사라지고 있다는 사실을 실감하고 있나요? 은행을 방문해도 종이가 아닌 패드에 직접 서명을 하고, 계약서를 작성할 때도 디지털 문서에 공인인증서로 서명을 하여 보관하고, 팩스도 스마트폰으로 받다 보니 출력할 일이 없잖아요.

저 역시 아이패드를 사용하고부터는 '페이퍼리스Paperless 라이프'를 지향하게 되었어요. 종이가 없는 삶을 살게 되면 책과 서류 보관 등에 사용했던 공간을 활용할 수 있고, 다이어리나 회의록 등의 내용을 검색으로 손쉽게 찾을 수 있어요. 또한 클라우드 공간에 저장을 해두면 수많은 문서와 수천 권의 책도 어디서든 열어볼 수 있고 다른 사람과 공유하기도 쉬워요.

물론 일기나 편지를 쓸 때처럼 종이 자체의 감성이 필요한 순간이 있기도할 거예요. 하지만 일상적으로나 업무적으로 봤을 때 아이패드와 클라우드를 사용하면 종이 사용량을 줄일 수 있어 환경에 도움을 줄 수도 있어요. 이런 많은 장점이 있기 때문에 지금도 그렇지만 앞으로도 아이패드와 함께 종이 없는 삶을 살아 보려고 해요.

다음은 제가 아이패드로 페이퍼리스 라이프에 도전하며 경험했던 몇 가지 장단점이에요.

● 장점

1   어깨를 아프게 했던 수많은 노트와 책을 아이패드 하나에 담을 수 있다.
2   여러 색깔 필기구가 더 이상 필요하지 않다. 애플 펜슬 하나면 다양한 색상을 만들어 낼 수 있다. 스티커 또한 무제한으로 만들어 쓸 수 있다.
3   손글씨로 메모했던 것도 손쉽게 검색하여 찾을 수 있다.
4   다이어리를 꾸미는 또 하나의 취미가 될 수 있다.

● 단점

1   가격이 사악할 수 있다.
2   글리터가 들어간 반짝이 펜을 사용하기는 힘들다.
3   배터리가 없으면 사실상 무용지물이다.

아이패드와 함께 종이 없는 삶에 도전

아이패드를 호기롭게 장만하고 나서 잘 써보겠다고 다짐을 하면서도 막상 아이패드를 활용해 생산성을 높이는 것이 쉽지는 않았어요. 아이패드로 메모를 하고 플래너를 쓰면서도 과연 '종이에 쓰던 많은 것들을 아이패드로 대체

프로 일잘러를 위한 슬기로운 아이패드 생활

하는 게 가능할까?' 하는 의문이 들었죠. 그래서 우선 제가 써왔던 다이어리를 찾아봤어요. 수없이 많은 커피를 마시며 리워드를 달성해 어렵게 구입해 사용했던 스타벅스 다이어리는 역시 처음만 요란했지 뒷부분은 깔끔 그 자체였더라고요. 이런 다이어리를 보며 의미없이 매년 다이어리를 모으기보다는 이제는 아이패드를 잘 활용해 제대로 기록을 해보자는 생각을 하게 되었죠.

이후 나쁜 과거를 청산하고 새 출발을 한다는 다짐을 하며 디지털 플래너와 다양한 서식을 기획해 매일 하루의 시작부터 끝까지 열심히 기록하기 시작했어요. 그저 흰 종이에 무언가를 무의미하게 끄적이는 것이 아닌, 그때그때 상황에 맞는 나만의 서식을 사용했더니 서식에 들어있는 모든 칸을 쓰임새에 맞게 채우게 되었고, 이는 결과적으로 하루, 일주일, 한 달을 의미있게 살게 해줬어요. 이제 진정 아이패드와 펜슬을 활용해 페이퍼리스 라이프를 살게 된 거죠.

TIP 아이패드와 같이 쓰면 좋은 액세서리

아이패드를 쓰면서 지금까지 산 액세서리만 해도 아이패드 미니 정도는 살 수 있을 것 같아요. 액세서리를 사면서 많은 시행착오를 겪다 보니 상황별로 추천해 드리고 싶은 것들이 몇 가지 있어요.

1. 종이질감 필름
아이패드로 필기를 많이 한다면 매끄러운 유리 필름보다는 종이질감 필름을 권해 드려요. 펜슬로 글씨를 쓰거나 그림을 그릴 때 덜 미끄러지기 때문에 글씨 끝에 삐침 부분이 사라질 거예요.

2. 애플 펜슬 펜촉 커버
종이질감 필름의 단점은 영상을 볼 때 화질이 떨어진다는 거예요. 그래서 화질 저하가 걱

정되는 분들은 유리 필름을 사용하되 펜슬의 펜촉에 커버를 씌워 사용하는 것도 좋은 방법이에요.

이때 펜촉 커버도 많이 사용하면 닳아 커버가 뚫리기 때문에 주기적으로 바꿔 줘야 하는 단점이 있어요. 만약 비용이 부담된다면 대안으로 낚시용품인 케미꽂이를 구매하여 펜촉에 꽂아 사용하면 된답니다.

3. 키보드, 케이스, 마우스

아이패드를 쓰다 보면 키보드로 타이핑을 해야 하는 경우가 종종 있어요. 내용이 많지 않다면 화면 키보드로 입력할 수 있지만, 긴 글을 써야 하는 경우에는 블루투스 키보드를 사용하는 게 좋아요.

블루투스 키보드는 케이스와 함께 붙어있는 것도 좋지만, 일체형의 경우에는 아이패드를 세로로 두고 사용하기 어렵기 때문에 자신이 어떤 방식으로 글을 쓰는지에 따라 별도의 키보드를 구입하는 것도 생각해 봐야 해요. 이때 iOS의 경우 윈도우와 다르게 [Ctrl] 키가 아닌 [Command] 키를 주로 사용하기 때문에 [Command] 키가 있는 키보드를 구입하는 걸 추천드립니다. 키보드와 케이스를 별도로 구매한다면 케이스는 거치대가 되는 걸로 구입하는 게 좋아요.

그리고 키보드를 사용하며 문서 작업을 할 때는 블루투스로 마우스를 연결하여 노트북처럼 사용할 수 있어요.

4. 알콜스왑 혹은 액정 클리너

아이패드를 쓰다 보면 지문이나 펜슬 자국으로 액정이 자주 지저분해져요. 이럴 때 물티슈로 액정을 닦는 것보다 전용 클리너나 알콜이 함유되어 있는 알콜스왑을 사용하는 게 좋아요. 물 자국 없이 깔끔하게 닦이는 게 포인트랍니다.

05

일부터 취미까지 슬기롭게 워라하!

요즘은 일과 삶의 균형을 말하는 워라밸Work & Life Balace을 뛰어넘어 워크 라이프 하모니Work-Life Harmony가 주목받고 있어요. 줄여서 '워라하'라고 하는데, 일과 삶의 조화를 강조해 시너지를 끌어내는 것이라고 해요. 일과 삶이 조화로우려면 자신의 일을 사랑하며 자기에게 주어진 시간을 잘 활용해 내가 하고 싶은 것들을 놓치지 않아야 해요. 그래서 저는 아이패드를 활용해 일부터 취미까지 슬기롭게 잘 해내고 있답니다.

원격회의를 할 때는 구글 독스로!

저는 사무실에서 일을 할 때는 맥북을 주로 사용해요. 아무래도 영상 작업이 주된 업무이다 보니 여러 대의 카메라로 찍은 영상을 맥북으로 편집하고 있어요. 하지만 그 외의 업무는 대부분 아이패드로 한답니다. 특히 회의를 하거나 콘텐츠 기획을 할 때는 주로 아이패드만 가지고 해요. 이런 일을 할 때 맥북을 놓고 모니터만 바라보며 하게 되면 왠지 분위기가 많이 딱딱해지더라고요.

그리고 저는 시간과 공간의 제약을 받지 않는 업무를 하다 보니 재택근무를 종종 하는데 그럴 때는 ZOOM이나 스카이프를 이용해 화상으로 회의를 해요. 팀원들과 같은 시간에 구글 문서와 구글 스프레드시트를 열어두고 일주일 동안 어떤 스케줄로 일을 할지 미리 계획하고, 체크하고, 프로젝트 진행상황을 공유하고 있어요.

구글에서 제공하는 구글 스프레드시트와 구글 문서는 구글 계정만 있으면 안드로이드 계열뿐만 아니라 애플 계열 제품 및 윈도우용 PC에서도 작업을 함께할 수 있어 공동작업을 할 때 아주 유용해요.

저는 구글 스프레드시트로 팀원들과 프로젝트 진행상황을 공유한답니다.

프로 일잘러를 위한 슬기로운 아이패드 생활

또 파일 전송이 필요한 때에는 보통 카카오톡을 많이 이용하지만 샌드애니웨어sendanywhere를 이용하면 대용량 파일도 쉽게 전송할 수 있어요.

이렇게 공동작업을 할 때 아이패드만 있으면 노트북이나 데스크탑이 없는 환경에서도 문서를 작성하고 수정하는 작업을 문제없이 진행할 수 있답니다.

아이패드는 공동작업을 하기에 최적의 아이템이에요.

콘텐츠 기획을 할 때는 크리에이터 노트에!

아이패드를 통해 디지털의 편리함과 아날로그의 장점을 가장 잘 활용할 수 있는 때가 바로 영상 콘텐츠를 기획할 때입니다. 유튜브에 영상을 업로드하기까지는 수많은 과정이 필요한데, 그중에서도 어떤 영상을 제작할지 결정하고 영상의 흐름flow, 촬영방법, 대본 작업 등을 기획하는 단계가 가장 중요해요.

이러한 기획단계에서는 보이지 않는 머릿속 생각을 구체화시켜야 하기 때문에 '크리에이터 노트' 서식을 사용해 직접 손으로 적으면서 아이디어를 정리하고 있어요.

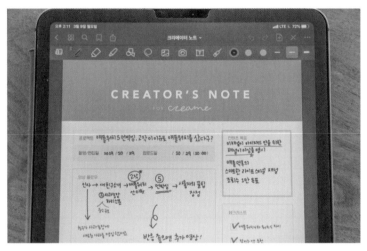

저는 '크리에이터 노트'를 만들어 영상 및 콘텐츠 기획을 할 때 자주 사용하고 있어요.

영상을 기획할 때는 어떤 주제와 제목으로 할지, 어떤 목표를 가지고 만들지, 이 영상은 어떤 흐름으로 진행할지 등 일련의 흐름이 있어요. 그래서 저는 이런 것들을 놓치지 않기 위해 영상 기획과정에 맞는 요소를 담은 서식을 미리 만들어 사용하고 있어요. 무지 노트에 그때그때 생각나는 것을 적어 내려가는 것보다 나만의 정형화된 기획과정을 담은 서식이 있으면 순서에 맞춰 뭘 해야 할지 방향성을 잃지 않게 해주는 가이드가 되어 주기 때문이에요.

프로 일잘러를 위한 슬기로운 아이패드 생활

제대로 된 양식에 기록한 내용은 나중에도 꺼내 보지만, 그저 낙서처럼 끄적여 놓은 필기는 열심히 적어둔 시간이 무색할 정도로 나중에 열어보지 않게 된답니다.

일정관리는 〈낼나 다이어리〉로!

스케줄을 네이버나 구글 캘린더를 이용해 관리하는 분들도 많이 있지만, 저는 버튼 하나 누르고 타이핑으로 기록하면 머릿속에 잘 남지 않더라고요. 그래서 저는 일정과 약속이 생기면 그때그때 플래너에 쓰고 있어요. 이렇게 손으로 직접 쓰면 일정을 확실히 기억할 수 있고, 그 사람과의 추억도 되새길 수 있어서 좋더라고요.

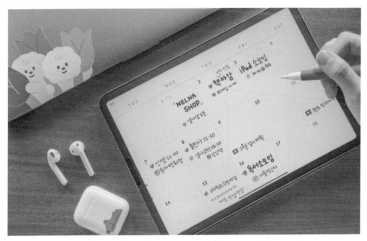

저는 한 달을 시작할 때 미리 중요한 일정들을 손으로 적고 있어요.

아이패드에서 사용하는 디지털 플래너는 중요한 부분을 강조할 수 있고, 예쁜 스티커를 넣을 수도 있고, 이미지로 저장해서 보관하거나 팀원에게 공유할 수 있는 등 많은 장점을 가지고 있답니다.

가계부도 손으로 직접 적어보세요

가계부의 경우 사용내역을 자동으로 편리하게 계산해 주는 좋은 앱들이 많아요. 그런데 저는 그날그날 얼마나 썼는지 카드 결제내역을 옆에 두고 계산기를 두드리며 직접 손으로 적어야 절약의 효과가 더 크더라고요. 매일 무슨 내역으로 얼마나 썼는지 적다 보면 낭비하고 있는 것들을 체크할 수 있어서 계획하지 않았던 소비를 할 때 한 번 더 생각하게 되고 꼭 필요한 경우에만 돈을 쓰게 된답니다.

그날그날의 사용내역을 보며 손으로 쓰니 훨씬 더 효율적으로 관리할 수 있게 된 가계부

영화를 보며 스터디노트로 외국어 공부까지!

여러분도 그렇겠지만 저도 드라마나 영화를 무척 좋아해요. 중·고등학교 시절에는 일본 드라마에 빠져 일드를 보며 일본어를 공부했을 정도예요.

지금도 저는 영화를 보며 외국어를 공부하고 있어요. 넷플릭스로 미드나 일드를 시청하며 일상에서 사용할 수 있는 유용한 대사가 나오면 스터디노트에 그 문장을 적고 메모도 해둔답니다. 그리고 나중에 단어를 찾아보고 외워보는 거죠. 이 방법은 책장에 꽂혀있는 회화책을 무작정 외우는 것보다 훨씬 더 도움이 되더라고요.

영화를 보며 멋진 대사가 나오면 직접 기획한 '넷플릭스 스터디노트'에 정리하고 있어요.

06

아이패드와 함께하는 24시간

지금까지 제가 아이패드를 어떻게 활용하고 있는지 대략적으로 전해드렸어요. 그럼 이제 제가 아이패드로 어떤 하루를 보내고 있는지 아이패드와 함께하는 24시간을 구체적으로 보여드릴게요.

09:00 → 출근과 동시에 하루 일정 계획하기

제가 아이패드를 잘 쓰게 된 계기가 바로 플래너 때문이었잖아요. 당연히 지금은 출근과 동시에 아이패드의 굿노트를 열고 스케줄 관리로 하루를 시작합니다.

처음에는 플래너에 일정을 기록하는 게 익숙하지 않아서 '어떻게 하면 습관을 들여 잘 사용할 수 있을까?' 고민했어요. 그런데 답은 의외로 간단하더라고요. 출근을 하자마자 제일 먼저 아이패드를 꺼내 오늘의 일정을 정리하는 시간을 강제로 갖는 거였어요.

프로 일잘러를 위한 슬기로운 아이패드 생활

우선 데일리 플래너에 오늘의 목표를 적고, 오늘의 목표를 이루기 위해 해야 할 일, 그리고 업무 리스트를 타임라인에 쭉 적어 내려가며 몇 시에 어떤 일을 해야 할지와 우선순위를 정리했죠. 생각보다 시간이 걸리기는 하지만, 하루를 어떻게 보낼지 손으로 직접 쓰며 계획하다 보면 그날을 시작하는 마음가짐이 달라지더라고요. 그러다 보니 이제는 습관이 되었고, 이 글을 쓰고 있는 오늘도 플래너로 하루를 시작했답니다.

오늘을 계획하는 시간을 잠시라도 내어 기록하다 보면 하루를 대하는 태도가 달라지더라고요.

플래너를 쓰다 보면 글씨가 예쁘지 않아서, 매일 쓰는 게 귀찮아서, 빈칸이 보기 싫어서 등 다양한 이유로 부담이 되기도 하지만, 그 부담을 내려놓는 게 중요한 것 같아요. 하루 이틀 못 쓰고 넘어가도 괜찮고, 글씨가 삐뚤빼뚤해도 괜찮아요. 우리가 아이패드를 잘 활용해야 하는 이유는 나의 일을 똑부러지게 잘하고 싶고, 효율적인 시간관리로 그날그날의 일상을 나답게 살아가고 싶기 때문이라는 것을 잊지 않으면 돼요.

특히 종이 다이어리와 다르게 디지털 플래너는 원하는 페이지만 볼 수 있다는 장점이 있어요. 종이 다이어리처럼 오랫동안 기록하지 않아서 빈 페이지가 펄럭이는 걸 볼 필요가 없다는 거죠. 그러니 디지털 플래너를 매일 못 쓰면 어쩌지 하는 걱정은 덮어두어도 될 것 같아요.

14:00 → 미팅하고 회의하고

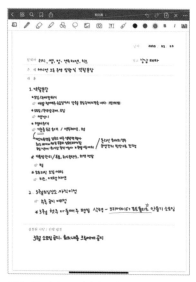

직접 만든 회의노트 서식에 회의 내용을 정리했어요.

일의 특성상 다양한 사람들과 협업을 많이 하다 보니 미팅도 많은 편이에요. 미팅을 할 때 여유롭게 이야기를 나누는 자리라면 굿노트의 기본 노트를 활용해 메모를 해두고, 필요한 부분만 나중에 타이핑해서 옮기고 있어요. 하지만 회의의 형식을 갖춰 회의록을 작성해야 한다면 처음부터 회의노트 서식을 가져와 제대로 기록을 해둡니다. 앞서 말했듯이 회의노트 서식을 만들어 두면 빈

노트에 기록을 하는 것보다 더 짜임새 있게 회의를 진행할 수 있기 때문에 효율적인 회의 운영이 가능해요.

17:00 → 오늘 한 일 점검하기

미팅이나 회의를 마치고 업무에 복귀한 후에는 플래너를 열고 그날의 일정을 다시 확인하는 편이에요. 오전에 계획했던 일정을 제대로 실행했는지, 그렇지 못했다면 그 시간에 무엇을 했는지 체크하고 그다음 할 일을 마무리하면서 하루를 마감하고 있어요.

오늘 있었던 크고 작은 일들을 적다 보면 플래너에 오늘 하루를 온전히 담을 수 있어요.

20:00 → 오늘 하루 돌아보며 생각정리하기

하루 일과를 마치고 집에 도착하면 그날의 특별한 일상을 일기 형식으로 적
어보고 있어요. 업무 중에는 바빠서 짧게 메모해 두었던 내용을 제대로 정리
하거나 특별했던 감정을 기록하는 것도 주로 이 시간에 한답니다. 매일 쓰기
어려운 경우에는 중요한 사건이 있는 날만이라도 날짜를 적어 기록하고 있어
요. 매일 일기를 써야 한다는 압박에서 벗어나고 싶은 최선의 방법이에요.

특별했던 감정을 기록하는 감정일기도 차분하게 적어보곤 합니다.

22:00 → 취미 등 자기계발하기

조용한 밤이 되면 아이패드로 온라인 수업을 들어요. '클래스101'이라는 취
미활동 플랫폼을 주로 이용하고 있는데, 저는 여기서 아이패드를 활용한 드

프로 일잘러를 위한 슬기로운 아이패드 생활

로잉 클래스를 수강하고 있어요. 어떤 플랫폼이 좋다 나쁘다라는 기준은 따로 없지만, 배우고 싶은 작가나 그림 스타일이 있다면 다양한 사이트에서 선택해 수강할 수 있어요. 언젠가 그림을 잘 배워서 저만의 귀여운 굿즈를 만들어 보고 싶은 마음에 밤마다 시간을 내어 30분 정도씩 투자해서 열심히 배우고 있어요.

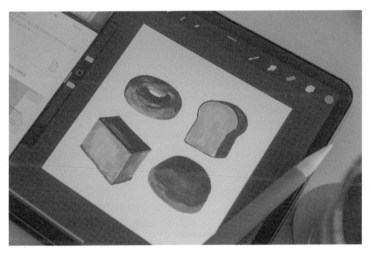

프로크리에이트 앱으로 제가 직접 그려본 그림이랍니다.

굿노트 기본 사용법을 알아볼게요

애플 앱스토어에서 유료 앱 분야 1위를 달리고 있는 '굿노트'는 아이패드를 사용하는 사람이라면 꼭 다운받는 앱 중 하나입니다. 저에게도 최고의 앱 중 하나죠. 그리고 이 책에서 소개하는 서식은 대부분 굿노트를 기반으로 하기 때문에 그 사용법을 먼저 알아보고자 해요. 그렇게 어렵지 않아요. 굿노트를 열고 다음 설명들을 보며 따라하다 보면 금방 익숙해질 거예요.

굿노트는 노트 필기 앱(유료)으로, 현재는 GoodNotes 5가 최신 버전입니다. 앱에 기본적으로 들어 있는 무제노트를 이용해 필기를 할 수 있고, PDF, PPT,

Word 문서와 이미지, 사진을 불러와 필기를 할 수 있어 직장인뿐만 아니라 학생들이 공부할 때도 많이 사용하고 있어요.

01 시작하기

굿노트 앱을 열면 가장 먼저 보이는 화면이 있는데, 이는 컴퓨터의 바탕화면이라고 생각하면 될 거 같아요. 우리도 이 화면에 여러 가지 폴더와 노트북을 생성해서 사용할 거예요.

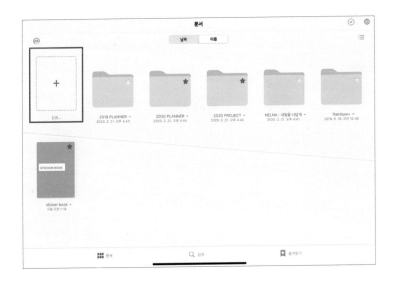

맨 왼쪽에 보이는 파란색 점선으로 그려진 사각형(|신규|)을 누르면 폴더와 노트북을 추가할 수 있어요. 여기서 이미지 불러오기, 문서 스캔하기, 사진 찍기, 서식 불러오기 등을 실행할 수 있습니다.

[신규] 버튼을 누른 뒤 [노트북]을 선택하면 '새로운 노트북' 팝업 창이 나옵니다. 이 창에서 내가 사용하고 싶은 노트의 사이즈와 종이의 종류, 노트북의 이름 그리고 노트북 커버를 선택한 뒤 [생성] 버튼을 누르면 새로운 노트북이 생깁니다. 여기서 말하는 '노트북'은 한 권의 공책처럼 노트(낱장)가 모여 있다고 생각하면 될 거예요.

　노트북 만들기와 마찬가지로 폴더도 만들 수 있으니, 노트가 많아지면 주제별로 폴더를 정리해 두어야 관리가 쉬워요.

03 상단탭 살펴보기

새로 만든 노트북의 상단을 보면 다양한 메뉴가 나오는데, 이를 먼저 살펴볼게요. 여기에 있는 탭의 아이콘으로 굿노트의 다양한 기능을 사용할 수 있어요.

① 왼쪽 상단에 있는 사각형 4개 모양의 아이콘을 누르면 현재 쓰고 있는 노트북의 모든 페이지를 볼 수 있고, 페이지를 삭제하거나 추가 또는 복사할 수 있습니다.

② [돋보기] 아이콘을 누르면 검색을 할 수 있어요. 우리가 필기한 글씨를 인식해 검색해 주기 때문에 글씨를 또박또박 써야 인식률이 높아요.

③ [인덱스] 아이콘을 누르면 해당 페이지를 '즐겨찾기'로 등록할 수 있어요. 그리고 굿노트 메뉴 하단의 [즐겨찾기]를 누르면 등록해 놓은 '즐겨찾기'로 이동을 합니다.

④ [내보내기] 아이콘을 누르면 해당 페이지 또는 노트북에 있는 모든 페이지를 프린트하거나 PDF, 이미지, Goodnotes 파일로 저장할 수 있어요.

⑤ 오른쪽 상단에 있는 아이콘은 순서대로 '뒤로 가기' '앞으로 가기' 그리고 '새 페이지 추가하기' '펜 끄기' 기능입니다. 하이퍼링크를 이용하려면 '펜 끄기' 아이콘을 눌러야 합니다. 그리고 마지막 […] 아이콘에는 다양한 메뉴가 있으니 천천히 살펴보면 좋을 것 같습니다.

그리고 그 아래의 탭에 있는 아이콘들은 필기를 할 때 사용하는 메뉴입니다.

① 가장 왼쪽에 있는 [확대] 아이콘은 페이지 안의 일부를 확대할 수 있는 아이콘
이에요. 아이콘을 누르면 하단에 부분 확대를 한 창이 나와 큰 글씨로 필기할
수 있어요.

② [펜슬] 아이콘을 선택하면 필기가 가능하고, 펜의 종류를 고를 수 있습니다.
오른쪽에 나오는 색상 아이콘과 굵기 아이콘을 조절해 원하는 스타일로 쓸
수 있어요.

③ [지우개] 아이콘으로 원하는 부분을 지울 수 있는데, 아이콘을 누르면 오른쪽
에 크기를 조절할 수 있는 버튼이 나옵니다.

④ [하이라이터] 아이콘은 필기를 한 후 하이라이터로 강조할 때 사용하는데, 오
른쪽에 나오는 컬러와 크기로 조절해 쓰면 됩니다.

⑤ [도형] 아이콘을 이용해 여러 가지 도형을 그릴 수 있어요. 직선을 그을 때도
이 아이콘을 누르고 그리면 됩니다.

⑥ [올가미] 아이콘을 이용하면 필기, 이미지, 도형 등을 자유롭게 편집하고 이동
할 수 있습니다. 올가미 툴로 선택 영역을 잡은 뒤 꾹 눌러주면 스크린샷 촬
영, 크기 조정, 색상, (텍스트로) 변환, 오려두기, 복사하기, 삭제 등 다양한 옵
션을 선택해 편집할 수 있어요.

⑦ [이미지] 아이콘은 아이패드의 앨범에 저장된 이미지를 가져올 수 있어요.

⑧ [카메라] 아이콘을 누르면 아이패드에 있는 카메라로 사진을 찍은 후 문서에

프로 일잘러를 위한 슬기로운 아이패드 생활

바로 삽입할 수 있어요.

⑨ [텍스트] 아이콘은 키보드를 이용해 글씨를 입력할 수 있는 툴이에요. 클릭하면 오른쪽에 색상과 굵기, 기울기 그리고 글꼴을 변경할 수 있는 옵션이 있어 원하는 스타일로 사용하면 됩니다.

⑩ 가장 마지막에 있는 아이콘은 레이저 포인터 기능입니다. 펜슬로 화면을 누르면 앞에 레이저 표시가 나와 간단한 프레젠테이션을 할 때 유용한 기능이에요.

04 외부 서식 가지고 오기

굿노트에서 제공하는 기본 노트북은 아주 간단하다 보니 간단한 메모를 할 때 사용하고 있어요. 더 많은 서식이 필요할 때는 포털사이트에서 '굿노트 서식'이라고 검색하여 다양한 서식을 다운받아 사용할 수 있답니다.

PART

2

Smart Life Style with IPAD

프로 일잘러를 위한
디지털 플래너 100% 활용법

01

'디지털 플래너'를 소개합니다

여러분들이 지금 가지고 있는 아이패드를 그저 게임기나 작은 TV 정도로만 사용하고 있다면 이제 저와 함께 멋진 신세계로 떠나보시죠.

아이패드를 제대로 활용하는 첫걸음은 바로, 나의 할 일을 잘 정리하여 기록하는 것부터 시작하면 돼요. 월간, 주간, 일간 단위로 내가 해야 할 일To-do list을 작성해 보는 거죠.

나만의 서식을 직접 만들어 사용해도 좋고, 다른 사람들이 만든 서식을 다운받아 사용해도 상관없어요. 이 서식들을 굿노트 등의 노트 앱에 불러와 펜슬을 사용해 손으로 직접 나만의 일정을 기록해 보면 돼요. 처음부터 플래너를 직접 만들기는 어려우니 다른 사람들이 만든 플래너를 공유받아 시작해 보는 걸 추천할게요.

다양한 플래너를 사용해 보세요

네이버나 유튜브에서 '굿노트 플래너'라고 검색을 하면 수많은 금손 블로거와 유튜버들이 만든 다양한 플래너를 다운받을 수 있어요.

종이 다이어리와 마찬가지로 사람마다 다이어리를 쓰는 용도나 취향이 다르기 때문에 여러 가지 플래너를 다운받아 쓰다 보면 나에게 맞는 것을 찾을 수도 있고, 또 보완했으면 하는 플래너도 있을 거예요. 그럴 때는 우선 나에게 잘 맞는 것을 써보면서 아쉬운 부분들을 메모해 놓으면 나중에 나만의 플래너를 만들 때 도움이 된답니다.

유튜브에서 '굿노트 플래너'라고 검색하면 많은 유튜버들이 본인들이 만든 서식을 공유하고 있어요.

저는 〈낼나 다이어리〉를 사용해요

저는 회사에서 하는 일과 개인적인 일 모두 디자이너 '쌤'과 함께 만든 여러 가지 서식을 사용하고 있어요. 그중에서도 플래너는 〈낼나 다이어리〉를 쓰고 있죠. 여기서 '낼나'는 '내일을 나답게'의 줄임말이에요. 〈낼나 다이어리〉는 모든 일상을 함께하며 '나다움'을 담아내기에 가장 적합한 서식을 만들고 싶어 붙인 이름이에요.

〈낼나 다이어리〉는 사용자의 라이프스타일에 맞게 다양한 형태로 제작했는데, 월간·주간·일간 플래너가 기본이에요. 그리고 여기에 많은 플래너를 사용해 보며 부족하다고 느꼈던 '목표관리' 부분을 보완했어요. 플래너를 기획하며 '시간관리' '목표관리'에 대해 많이 연구하고, 전문가들에게 조언을 구하기도 했어요. 또 저와 비슷한 일을 하고 있는 주위의 크리에이터들과 의논

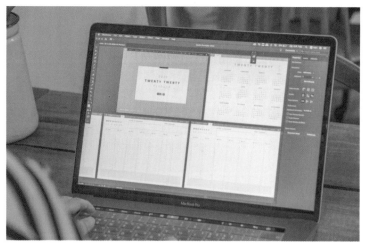

'나다움'을 담을 수 있는 플래너인 〈낼나 다이어리〉를 만들고 있어요.

프로 일잘러를 위한 슬기로운 아이패드 생활

하기도 했죠. 그러다 보니 어느 정도 제가 머릿속에 그려왔던 플래너의 윤곽이 나오더라고요.

그리고 이왕이면 다홍치마라고 예쁘게 만드는 것도 매우 중요했어요. 그래서 디자이너 '쌤'과 함께 서체와 색깔 등 디자인 요소까지 세세하게 고민하며 며칠 밤을 새워 만들다 보니 어느 정도 만족스러운 결과물이 나왔어요.

디지털 플래너는 손으로 직접 써야 하는 번거로움이 있지만 귀찮음을 조금만 이겨나가다 보면 좀 더 나은 나를 만날 수 있을 거예요. 직접 펜을 들고 적으면서 내가 추구하는 삶이 어떤 것인지 알아가고, 그 목표에 도달하기 위해 해야 할 일들을 적어보고 체크하는 과정이 나를 성장할 수 있게 해주고, 일과 삶의 균형과 조화까지 맞추어 주더라고요.

02

플래너를 써야 하는 이유, 시간관리와 목표관리

아이패드로 플래너를 쓰기 전에는 체계적이지 않았던 생활습관으로 인해 일을 미루거나 빼먹는 경우가 많았어요. 하지만 지금은 플래너 덕분에 해야 할 일들을 꼼꼼하게 관리하고 있고 하루하루 변화하는 나의 성장 모습까지 볼 수 있어서 도저히 끊을 수 없는 하루의 필수 일과가 되었어요.

아이패드를 제대로 활용하여 플래너를 잘 쓰기 위해서는 매일 정해진 시간에 플래너를 작성하는 것이 중요해요. 지하철로 출퇴근하는 시간이나 업무 중에 하나를 마무리하고 남는 자투리 시간이 될 수도 있고, 잠들기 전 하루를 되돌아보는 시간일 수도 있어요. 이처럼 목적이 확실하고, 진심으로 왜 필요한지, 무엇을 위해 쓰는지가 명확하다면 꾸준히 하게 되더라고요. 여러분도 플래너를 왜 써야 하는지 각자의 이유를 잘 찾으면 매일매일 꾸준하게 사용하는데 도움이 될 거예요.

시간을 잘 관리하는 방법

제가 사용하고 있는 〈낼나 다이어리〉의 '데일리 플래너'에는 하루의 타임라인을 계획하는 부분Plan과 실제로 실행한 부분Done을 적어 넣는 칸이 있어요.

저는 계획과 실행 부분을 꼼꼼하게 기록하면서부터 시간관리를 좀 더 잘하게 되었어요. 저에게 주어진 하루 24시간이라는 제한된 시간 동안 어디에 얼마나 집중해야 하는지에 대해 미리 계획을 해두기 때문에 일을 할 때 딴짓을 하지 않고 최대한 열심히 해서 마무리하는 편이에요. 집중을 할 때는 스마트폰의 타이머를 사용해 시간별 알람을 해두는 것도 꽤 도움이 돼요. 특히 마감이 있는 작업을 할 때 시간 계획을 잘 짜두면 주어진 시간 안에 모든 것을 끝내려는 욕심이 생겨 빨리 마무리할 수 있어 저녁이 있는 삶을 즐기며 취미활동을 할 수도 있어요.

시간관리는 처음이 가장 어려워요. 못하면 어쩌지 하는 생각이 들 때마다 당장이 아닌 내일 그리고 모레, 한 달 뒤에 달라져 있을 나의 모습을 생각하며 타임라인을 잘 활용해 보세요. 매일 아침 플래너를 쓰는 10분, 20분의 시간이 당장은 귀찮고 아깝다고 느껴질 수 있지만, 하루를 알차게 보내고 나면 결코 아깝지 않은 나를 위한 좋은 투자였다고 생각하게 될 거예요.

초등학교 때 방학 숙제로 그려가던 원형일과표와 같이 본인이 익숙한 방법으로 서식을 만들어도 괜찮아요. 아무것도 하지 않으면 어떤 일도 일어나지 않는다는 사실을 꼭 기억하세요.

큰 단위로 시간을 구분할 수 있어 자주 사용하는 원형일과표

세부목표 설정이 중요한 이유

저는 플래너를 기획할 때 연간, 월간, 주간, 일간 등 모든 계획표에 목표를 적는 칸을 만들었어요. '너무 목표에 집착하는 거 아니야'라고 생각할 수도 있겠지만, 이루고자 하는 목표를 설정하고 그 목표를 이뤘을 때의 성취감을 적다 보면 더 성장한 나를 만나게 되더라고요.

보통 연말이 되어 새해에 세웠던 목표를 되돌아보면 그 목표를 이루지 못해 낙담하는 경우가 많아요. 그 이유는 바로 큰 목표에 다가가기 위한 세부목표를 설계하지 않았기 때문이에요. 그래서 저는 항상 큰 목표를 정해 놓고, 그 목표를 이루기 위한 세부목표를 설계해요. 그리고 그 세부목표에 맞게 내가 할 수 있는 것부터 하나씩 실천사항을 작성하여 실행해 나가고 있어요.

큰 목표를 먼저 세우고 세부목표와 실천사항을 적어가며 목표를 구체화해요.

우리의 목표나 꿈은 막연한 상상처럼 절대 이루어질 수 없는 것이 아니라 진짜 이루고 싶은 것이어야 해요.

예를 들면 이번 달 목표가 '유튜브 구독자 1만 명 되기'라면 '1만 명이 너무 큰 숫자 아닌가?' '될 수 있을까?'라는 생각보다 '1만 명이 되기 위해서는 어떻게 하면 될까?'라는 생각으로 접근을 하는 거예요. 그러면서 1만 명이 되기 위해 해야 할 일들을 하나하나 구체적으로 적어보는 거죠.

'채널 컨셉 확실하게 만들기' '일주일에 영상 3개 올리기' '영상 퀄리티 높이기' '다른 사람과 콜라보 영상 제작하기' 등 이렇게 적다 보면 결국 이 모든 것들이 내가 해야 할 실천사항이 되는 거죠. 이렇게 목표와 할 일이 정해졌으면 이제부터 이것들을 실행하면 되는 거예요.

그래서 저는 한 해가 시작되면 가장 먼저 연간목표를 정하고, 그 연간목표를 이루기 위한 세부목표와 실천사항을 실행하기 위해 매달·매주 목표 칸을 채워넣고 있어요. 그리고 실천사항은 해빗트래커를 만들어 체크를 하고 있어요. 어릴 적 피아노 학원에서 연습을 한 번 할 때마다 사과를 칠했던 기억이 있는데, 내가 어떤 일을 실행하고 나서 사과를 하나 칠한다고 생각하고 매일 해야 할 일을 체크하는 표를 만들어 보는 거예요. 그렇게 하나씩 채워나가다 보면 한 달 뒤에 내가 몇 번이나 이 일을 제대로 실행에 옮겼는지 알게 되고, '다음 달에는 더 잘해 보자!' 하는 의지를 다지게 되더라고요.

🆃🅸🅿 해빗트래커 활용법

전문가들이 말하길 습관을 만드는 데에는 21일 정도가 걸린다고 해요. 그러니 우리도 21일 동안 꾸준히 하면 습관을 만들 수 있는 거죠. 이때 해빗트래커는 정해진 기간 동안 제대로 이행했는지 체크해 볼 수 있는 유용한 도구예요.

HABIT TRACKER

제가 만든 해빗트래커는 왼쪽에 어떤 습관을 목표로 할 것인지 적어두고 실행한 부분은 매일매일 색을 칠해 줘요. 그리고 오른쪽에는 며칠 동안 실천했는지 달성률을 적어 주는 거예요. 이때 우리가 기억해야 할 건 우리에게 정직해야 한다는 거죠. 매일매일 나를 속이지 말고 제대로 체크해야 해요 '어제 못했다면 오늘 잘하면 되고, 오늘 잘했다면 내일 또 열심히 이어나가면 된다'라는 생각으로 말이죠.

월간 플래너,
계획만 잘 세워도 절반은 성공!

그럼 이제부터 제가 어떻게 일정관리를 하고 있는지 〈낼나 다이어리〉를 가지고 자세히 알려드릴게요. 〈낼나 다이어리〉는 기획단계부터 '꾸준히 써나가면서 더 나다운 삶을 살아갈 수 있도록'이라는 컨셉을 잡고 구성했어요.

월간 플래너Monthly Planner는 내가 도달하고 싶은 목표를 먼저 정하고 이를 실천할 수 있도록 구성했는데, 그 이유는 큰 목표를 정해두면 그달의 일정과 실천사항을 목표에 맞춰 계획할 수 있기 때문이에요. 큰 꿈이라고 생각하는 것들을 향해 다가가는 길을 미리 설계해서 하나씩 완성해 간다고 생각하면 진짜로 그 목표를 이룰 수 있는 가능성이 높아지지 않을까요?

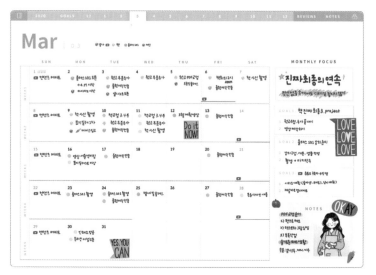

<냘나 다이어리>의 월간 플래너

월간계획을 세울 때 가장 먼저 해야 할 것은 바로 그달의 목표를 정하여 'Monthly Focus'를 채우는 거예요. 'Monthly Focus'는 이번 달에 꼭 이루고 싶은 목표와 3가지 실천사항을 적는 칸이에요. 그래서 달력에 일정을 기록하기 전에 먼저 'Monthly Focus'에 이달의 목표부터 채워 넣는 것을 추천드려요. 목표에 따라 스케줄 변동이 있을 수 있기 때문이에요.

○ **Monthly Focus 작성법**

1   상단의 'Monthly Goal'에는 이달에 가장 목표로 하는 것 또는 지향하는 것을 적어본다.

ex) 더 큰 영향력을 주는 유튜버가 되자

2   Goal 1, 2, 3에는 큰 목표를 이루기 위해 실천해야 할 작은 목표를 적는다.

    ex) 구독자 1만명 달성

3   작은 목표를 이루기 위해 해야 하는 실천사항 2~3가지를 적는다.

    ex) 영상 주 2회 업로드하기, 새로운 영상 콘텐츠 시리즈 기획하기

월간 플래너에서는 목표 적는 곳을 가장 중요하게 채우고 있어요.

저는 이렇게 이달에 이루고 싶은 큰 목표와 그 목표를 실천하기 위한 작은
목표와 실천사항을 'Monthly Focus'에 먼저 적어놓고 그것을 이루려고 노력
하고 있어요. 특히 'Monthly Focus'는 한 달 동안 일정을 확인할 때마다 읽어

보게 되니 뭘 해야 할지 흔들리거나 중요한 것을 잊어버린 순간에 길을 안내해 주는 이정표 역할을 해주기 때문에 굉장히 중요합니다. 특히 이렇게 손글씨로 정성껏 적어 놓으면 더 기억하기 좋더라고요.

그리고 나서 달력에 한 달 동안 고정된 일정과 새로운 약속 등을 기록해요. 이때 글씨를 다른 색으로 적는 방법으로 개인적인 약속과 회사 업무 약속을 구분해 두고 있죠. 이렇게 한 달을 시작하기 전에 달력을 가득 채워보면 어떻게 한 달을 보내야 할지 큰 그림이 그려지는 것 같아요. 그리고 다음 달에 이어서 할 일이 있다면 NOTES 란에 간단히 적어두면 다음 달 일정을 계획할 때 참고할 수 있어요.

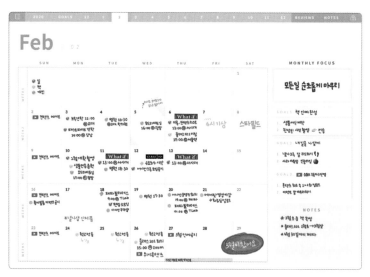

새로운 한 달을 시작하며 미리 달력을 채워보면 다가올 일정들이 더 기대된답니다.

프로 일잘러를 위한 슬기로운 아이패드 생활

저는 플래너를 기획할 때 목표를 적는 칸을 만들어 강조하고 있지만, 만약 여러분이 플래너를 직접 만들어 사용한다면 여러분에게 도움이 되는 구성요소를 찾아야 해요. 예를 들어 습관을 개선하기 위한 플래너라면 해빗트래커를 만들어 넣을 수도 있고, 잊어버리지 않고 해야 할 중요한 일들이 많다면 체크리스트를 넣어 구성할 수도 있을 거예요.

제 지인 중에는 월간 플래너를 아기 이유식 식단표로 사용하는데, 이처럼 플래너를 본인의 용도에 맞춰 사용하는 것도 좋은 방법이에요.

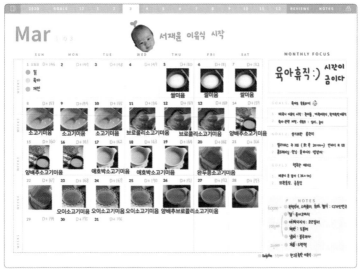

아기 이유식 식단표로 활용하는 김지혜 님의 월간 플래너

나만의 서식을 만들 때에는 무엇이 필요한지보다 어떤 삶을 살고 싶은지가 더 중요한 거 같아요. 다양한 서식을 사용해 보면서 최대한 나의 삶을 더 좋은 방향으로 개선할 수 있도록 구성해 보세요.

주간 플래너,
철저한 목표관리를 위한 첫걸음

한 달의 계획이 끝났다면, 이제 주간계획을 어떻게 관리해야 할지 알아볼까요? 저는 처음에는 일간계획만 관리했었는데, 주별로 간단하게 주간계획을 작성해 보니 더 철저하게 시간관리를 하게 되더라고요. 그래서 지금은 월간계획에는 러프하게 약속일정만 기록하는 편이고, 주간계획에서 구체적으로 할 일을 적어두고 있어요. 그리고 주간계획에는 목표뿐 아니라 일상과 약속도 구체적으로 기록하는 게 더 효율적이랍니다.

월간계획은 보통 첫째 주에 기록하고 있고, 주간계획은 매주 일요일 밤에 기록하고 있어요. 일요일 밤 침대에 누워 아이패드의 굿노트를 열고 월간 플래너에 적어뒀던 일정을 보면서 이번 주의 일정을 계획합니다. 굿노트의 경우 하이퍼링크 기능을 사용할 수 있어서 월간 플래너에서 해당 주의 첫째 날을 누르면 자동으로 주간 플래너로 이동할 수 있답니다.

매주 일요일 밤 침대에 누워 미리 적어보는 이 주의 일정들

주간 플래너에도 월간 플래너처럼 주간 목표Weekly Goal를 적어두는 칸이 있어요. 이때 목표라고 해서 꼭 수치를 적어 달성해야 하는 것은 아니에요. 저의 경우는 한 주의 마음가짐이나 나에게 해주고 싶은 긍정적인 말들을 적어놓기도 합니다. 가령 '바쁘고 정신 없어도 잘해보자. 칙칙폭폭!'처럼 긍정적인 다짐을 해두면 한 주 동안 매일 이 목표를 보며 힘들어도 포기하지 않게 되더라고요. 저는 말과 글의 힘을 믿기 때문에 이렇게 힘이 나는 글을 계속 적어두고 되새기면서 좋은 결과를 기대하고 있어요.

이렇게 간단한 한 주의 목표와 다짐 등 나에게 하고 싶은 말을 적어두고 그 아래에는 이번 주에 꼭 해야 할 일Weekly To-do을 체크리스트 형태로 적어둡니다. 여기에는 보통 약속이 잡힌 스케줄 외에 해야 할 일들을 적는 편이에요.

그리고 이렇게 적어둔 할 일 리스트를 보면서 타임라인의 날짜에 구체적인 일정들을 적고 있어요. 저는 타임라인에 일정과 관련된 내용을 채우는 편인데, 어떤 친구들은 이 칸에 하루의 짧은 일기를 적어두기도 하더라고요. 정해진 규칙은 없으니 나에게 필요한 것들로 서식을 채워가면 돼요. 이렇게 적으면서 내 머릿속에 하나씩 남기는 게 더 중요하기 때문이죠.

우리가 이렇게 목표와 일정을 기록하고 정리하는 이유는 단순히 플래너를 꽉꽉 채워가며 자기만족을 얻기 위함이 아니라 나의 하루하루를 알차게 잘 보내고 그날 해야 할 일들을 깔끔하게 끝마치기 위함임을 잊지 말아야 합니다.

05

일간 플래너,
나의 모든 하루를 아이패드에

일간 플래너도 주간 플래너와 마찬가지로 하루의 목표Today's Goal와 그날의
할 일Tasks을 적는 칸이 있어요. 하루를 시작할 때 먼저 그날의 목표와 그날
해야 할 일을 언제 어떻게 할지 구체적으로 적어주는 거죠. 그리고 이러한 목
표와 할 일에 맞춰 하루 동안 할 일Plan과 실제로 실행한 일Done을 타임라인
에 기록합니다.

저는 아침에 출근을 하면 Plan 부분에 그날 해야 할 일을 시간대별로 배
분해서 적어줍니다. 이때 그냥 적을 수도 있지만 각각의 업무별로 얼만큼의
시간을 계획하고 있는지 형광펜으로 색을 다르게 칠해서 한눈에 잘 보이도
록 구성해 줍니다. 그리고 각각의 업무를 마치면 계획했던 시간과 얼마나 차
이가 나는지 Done 부분에 체크를 해줘요. 예상했던 시간보다 얼만큼 더했고
덜했는지 같은 색상으로 비교해 보면 다음에 시간을 어떻게 효율적으로 쓸지
계획할 수 있어요.

또 하나의 방법은 내가 어떤 일에 더 에너지를 쏟아 집중할지 체크해 볼

수도 있어요. 예를 들어 에너지를 빼고 해도 되는 일에는 연한 색상으로 계획을 쓰고, 집중력 있게 해야 하는 업무는 진한 색상으로 계획을 해두는 거죠. 그리고 Done 부분에서 실제로 그 시간의 집중도에 대해 체크해 보는 거예요.

이렇게 하는 이유는 알록달록 예쁘게 꾸며지는 재미도 있지만, 계획했던 일을 얼마나 빠르게 했는지 혹은 얼마나 밀려서 했는지 한눈에 볼 수 있기 때문입니다. 그리고 이때 계획 앞에 예쁘게 색깔 펜으로 표시만 하고 넘어가는 게 아니라 시간을 더 잘 활용할 수 있도록 계획했던 것을 어떻게 실행했는지 지속적으로 살펴봐야 해요. 이렇게 계획과 실행에 대해 피드백하는 시간들은 분명 하루를 더 효율적으로 사용할 수 있게 해줄 거예요.

일간 플래너에는 일정관리 외에도 '하루 몇 잔 물 마시기' '하루 몇 보 걷기'

시간을 어떻게 활용했는지 매일매일 체크하는 일간 플래너

프로 일잘러를 위한 슬기로운 아이패드 생활

등 하루하루 나에게 필요한 운동과 건강관리 기록도 적을 수 있어요. 이 부분은 나만의 플래너를 만들 때 나에게 필요한 내용을 기획해 넣으면 됩니다.

이렇게 하루에 10~15분 정도, 그날의 목표와 할 일에 대해 정리하는 시간을 가져보면 내가 어떤 일을 하고 있는지 정확히 알 수 있기 때문에 하루를 효율적으로 보낼 수 있고, 해야 할 일을 미뤄두고 딴짓을 하는 나와는 점점 더 멀어지게 될 거예요.

처음부터 월간, 주간, 일간 계획을 모두 꼼꼼하게 채우기는 벅차고 불가능할 수 있겠지만, 저는 플래너를 만들어 사용하다 보니 빈칸을 채우고 싶은 욕심이 생기고 또 그에 맞게 실천하다 보니 지금은 아주 계획적인 삶을 살게 되었어요. 이렇게 각자에게 맞는 방법을 사용해서 계획하고 기록하는 것, 이것이 바로 내일을 나답게 살며 스마트하게 일할 수 있는 첫걸음인 것 같아요.

TIP 타이머를 이용해 보세요

시간계획을 짤 때 시간을 더 효율적으로 쓰고 싶다면 1시간 동안 무슨 일을 할지를 쪼개서 계획해 보세요. 이 때 타이머를 1시간 단위로 설정해 두고 알람이 울리기 전까지 계획했던 일을 집중하는 연습을 해보는 것도 좋습니다. 타이머 시계도 좋고, 스마트폰의 알람 앱을 이용해도 좋습니다.

06

목표관리의 끝판왕,
만다라트도 아이패드로!

저의 대학 전공은 건축학이었어요. 그러다 보니 건축물 디자인을 많이 했는데, 디자인 수업시간에 교수님께서는 '선 하나에도 이유가 있다'고 항상 말씀하셨어요. 저는 이 말이 너무 좋아 사회생활을 할 때에도 무언가를 할 때마다 '행동의 이유', 즉 동기를 찾으려고 노력했어요. 행동의 이유가 없으면 금방 포기하는 일도 많아지고, 의미를 찾을 수 없으니 시간을 낭비하는 일도 많아지더라고요. 그래서 저는 목표를 설정할 때 항상 구체적으로 세우기 위해 노력하는 편입니다.

다이어트를 할 것이다. → 한 달 안에 5Kg를 감량할 것이다.

예를 들어 다이어트를 하더라도 왜 해야 하는지 생각하지 않고 하다 보면 금방 그만두게 되어 버리더라고요. 이때 구체적으로 '한 달 안에 5kg 감량' 등 적당한 동기부여를 하니 목표를 이루는데 큰 원동력이 되었어요.

만다라트로 목표관리!

저는 목표를 설정할 때 의미있는 것들을 생각해 보고 실천사항까지 구체적으로 적어볼 수 있는 방법으로 만다라트를 추천하고 싶어요. 만다라트는 일본의 디자이너인 아마이즈미 히로아키가 창안한 기법으로, 깨달음의 경지를 뜻하는 '만다라Manda+la'와 기술과 예술 그리고 틀을 의미하는 '아트Art'를 합친 거예요. 목표를 달성하기 위한 구체화 기술 정도로 알아두면 좋을 거 같

몸 관리	영양제 먹기	FSQ 90kg	인스텝 개선	몸통 강화	축 흔들지 않기	각도를 만든다	위에서 부터 공을 던진다	손목 강화
유연성	몸 만들기	RSQ 130kg	릴리즈 포인트 안정	제구	어깨 주변 강화	힘 모으기	구위	하반신 주도
스테미너	가동역	식사 저녁 7술갈 아침 3술갈	하체 강화	몸을 열지 않기	멘탈을 컨트롤	볼을 앞에서 릴리즈	회전수 증가	가동력
뚜렷한 목표,목적	일희일비 하지않기	머리는 차갑게 심장은 뜨겁게	몸 만들기	제구	구위	축을 돌리기	하체 강화	체중 증가
핀치에 강하기	멘탈	분위기에 휩쓸리지 않기	멘탈	8구단 드래프트 1순위	스피드 160km/h	몸통 강화	스피드 160km/h	어깨 주변 강화
마음의 파도 안만들기	승리에 대한 집념	동료를 배려하는 마음	인간성	운	변화구	가동력	라이너 캐치볼	피칭 늘리기
감성	사랑받는 사람	계획성	인사하기	쓰레기 줍기	부실 청소	카운트볼 늘리기	포크볼 완성	슬라이더 구위
배려	인간성	감사	물건을 소중히 쓰자	운	심판을 대하는 태도	늦게 낙차가 있는 커브	변화구	좌타자 결정구
예의	신뢰받는 사람	지속력	긍정적 사고	응원받는 사람	책읽기	직구와 같은 폼으로 던지기	스트라이크 볼을 던질때 제구	거리를 상상하기

오타니 쇼헤이 선수가 인생 목표를 적었던 만다라트

아요. 만다라트는 일본의 메이저리거 오타니 쇼헤이 선수 덕분에 유명해졌는데, 이 선수가 고등학생 때 자기의 인생 목표를 만다라트에 세밀하게 세웠다고 해서 큰 화제가 되었어요.

만다라트는 81개 칸의 중앙에 총 9개의 목표를 적고, 그 9개의 목표를 더 세분화해서 구체적인 목표를 설정할 수 있어요. 즉, 만다라트의 가장 중앙에 달성하고 싶은 핵심목표를 적고, 그 주위 8개 칸에 핵심목표를 이루기 위한 작은 목표들을 적는 거죠. 그리고 그 주변의 8개 칸의 중앙에 각각의 작은 목표를 옮겨 적고, 주위에 그것들을 위한 실천사항까지 적다 보면 내가 되고 싶은 '나'와 가까워지기 위해 구체적으로 무엇을 해야 할지 알 수 있어요.

한 해의 시작은 만다라트로 시작해요

저는 연말이나 월말이면 다음 해와 다음 달을 준비하며 만다라트를 작성하는데, 장기적인 목표를 구체적으로 세울 수 있어서 좋아요. 81칸을 채우는 것이 생각보다 오래 걸리고 쉽지 않은 일이지만, 짧지 않은 그 시간 동안 내가 원하는 것이 무엇인지, 왜 하고 싶은지를 알아가는 시간을 가져보는 게 생각보다 많은 도움이 되더라고요. 제가 한 해를 시작하며 작성했던 만다라트는 다음과 같아요.

제가 가장 이루고 싶은 궁극적인 목표를 '다방면으로 성장하며 알차게 후회 없는 한 해를 보내자'라는 의미로 '성공적인 한 해'로 정하고 가장 가운데 적었어요. 그리고 '성공적인 한 해를 보내려면 어떻게 해야 할까?' 하는 고민을 하면서 처음 채웠던 칸을 중심으로 하나하나 목표를 채워 넣었어요.

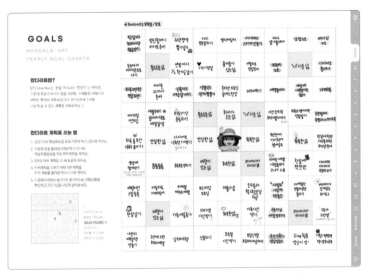

한 해를 시작하며 이루고 싶은 것들을 정리한 만다라트에요.

새해에는 지난해보다는 경제적으로 풍요롭게 살고 싶고, 즐거움이 있었으면 좋겠고, 좀더 나다운 게 무엇인지 탐구하고 싶었어요. 그리고 지금보다는 더 똑똑하게 많은 것들을 배우고 싶고, 주변 사람들과 화목하게 지내고 싶고, 때로는 여유를 부리며 여행도 가고 싶고, 크리에이터로서의 삶도 잘 이어가고 싶고, 이 모든 것들을 잘 실행하기 위해 건강을 유지하고 싶다는 생각을 큰 목표 옆에 적어 보았어요.

그다음에는 역시 만다라트를 작성하는 것으로 끝나는 게 아니라 3개월마다 실제로 내가 어떤 것들을 이뤄냈는지 중간점검을 해야 해요. 이렇게 하다 보면 이루고 싶었던 꿈 같던 막연한 목표를 이루는 순간이 올 거예요. 여러분도 지금 당장 만다라트에 인생 목표를 적어 보세요.

①	②	③						
④	(1)	⑤		(2)			(3)	
⑥	⑦	⑧						
			(1)	(2)	(3)			
	(4)		(4)	A	(5)		(5)	
			(6)	(7)	(8)			
	(6)			(7)			(8)	

1. 가장 중요하게 생각하는 핵심목표를 가운데 박스(A)에 적어 볼게요. 1년의 목표가 될 수도 있고, 프로젝트의 구체적인 아이디어를 찾기 위한 주제를 적을 수도 있어요.
ex) 성공적인 한 해 / 유튜브 콘텐츠 기획 / 슬기로운 대학생활 등

2. 가운데 칸(A)을 둘러싸고 있는 8개의 박스((1)~(8))에 핵심목표를 달성하기 위한 작은 목표나 하위계획을 적습니다. 핵심목표를 이루기 위한 여러 가지 목표를 적을 수도 있고, 연간 계획을 세우는 것이라면 올해에 이루고 싶은 것들을 적을 수도 있겠죠.

3. 8개의 박스((1)~(8))가 다 채워졌다면 이를 주변 8개의 큰 박스 중앙에 똑같이 옮겨 적어주세요.

4. (1)에 적힌 박스 주변 8개의 ①~⑧에 작은 목표를 이루기 위한 구체적인 세부계획을 적어주세요. 실제로 목표를 이루기 위한 구체적인 내용을 적어야 목표를 이루는 데 도움이 됩니다. 추상적인 것보다는 자세하게 적어주세요. 마찬가지로 (2)~(8) 주변의 박스에도 세부계획을 적어주세요.

ex) 운동하기 (×) → 일주일에 3회 이상 운동하기

이렇게 하면 만다라트 작성은 끝이 납니다. 이때 가장 가운데에 적어두었던 핵심목표(A)를 이루기 위해서는 주변에 있는 작은 목표((1)~(8), ①~⑧)를 주기적으로 살펴보면서 내가 해야 할 것들을 지속적으로 체크해야 한다는 사실을 기억하세요! 월말이나 월초에 만다라트 계획표에 있는 것들이 얼마나 이뤄졌는지 살펴보는 시간을 가져보는 것도 좋아요. 그리고 얼마나 실행했는지 하나씩 체크하며 핵심목표에 가까워집시다.

만다라트로 실행율 / 완료

Tip

스티커로 여러분의 플래너를 꾸며보세요!

굿노트로 플래너를 쓸 때 가장 좋은 점 중 하나가 원하는 그림(스티커)을 마음대로 넣을 수 있다는 거예요. 플래너에 심플하게 글을 적고, 예쁜 스티커로 포인트를 주면 좋아요.

01 [텍스트] 아이콘을 이용해 이모지 스티커 넣기

플래너에 이미지를 넣는 가장 쉬운 방법은 굿노트 상단의 [T](텍스트) 아이콘을 이용해 키보드 하단의 이모지를 불러와 넣는 거예요. 이 방법은 외부 앱이나 이미지를 찾을 필요없이 키보드에서 마음에 드는 이모지를 찾아 넣기만 하면 되기 때문에 자주 사용하고 있어요.

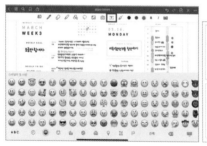

02 외부에서 png 이미지 가져와 넣기

두 번째 방법은 외부에서 이미지를 가져오는 방법이에요. 주로 캐릭터나 간단한 픽토그램 이미지를 포털사이트에 검색해 가져오는 방법인데, 그림의 뒷배경이 투명한 그림 파일(png)을 가져와야 스티커로 자유롭게 쓸 수 있어요.

예를 들어 포털사이트에서 'gummy bear png'라고 검색해 나온 결과물 중 배경이 없는 이미지를 복사하여 붙여넣을 수도 있고, 그림을 꾹 누른 다음 [저장하기] → [굿노트에서 불러오기]를 할 수도 있어요. 또 스플릿뷰를 활용해 한쪽에는 굿노트를, 다른 한쪽에는 사파리 앱을 띄워놓고 이미지를 검색한 다음 이미지를 드래그앤드롭으로 가져올 수도 있어요.

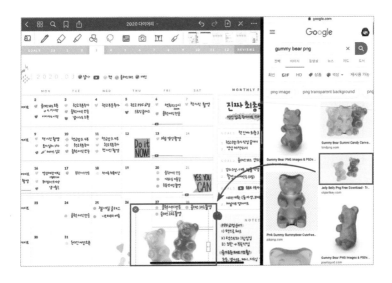

저는 스티커를 자주 사용하기 때문에 분위기에 맞는 이미지를 직접 그리기도 하고, 인터넷에서 예쁜 그림을 발견하면 다운받아 보관을 해요. 예쁜 그림 스티커들은 종이 스티커처럼 한 번만 쓰고 끝나는 게 아니라 계속 사용할 수 있어서 자주 쓰는 스티커들을 한 곳에 모아 나만의 스티커북을 만들어 두고 있어요. 자주쓰는 다이어리 맨 뒷장에 모아 두어도 좋고, 별도로 스티커만 저장해 두는 노트북를 만들어도 괜찮아요.

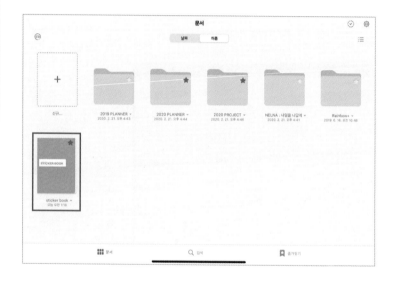

저의 스티커북은 여러 폴더들 중에서도 눈에 띄도록 표지를 만들어 두었고, 스플릿뷰를 활용해 쓰는 일이 많기 때문에 세로 모드로 만들었어요. 스티커북에는 직접 그린 그림과 키노트로 만든 자주 쓰는 업무용 스티커, 그리고 인터넷에서 많은 작가들이 공유해 주고 있는 스티커까지 내 취향에 맞는 것들을 저장하고

있어요. 스티커북에 있는 스티커를 다이어리에 넣는 방법은 '외부에서 이미지 가져와 넣기'에서 설명한 대로 하면 됩니다.

PART

3

Smart Life Style with IPAD

더 나은 내일을 위한
슬기로운 아이패드 생활

행복했던 순간의 감성을 그대로,
사진 보정하기

한 번 여행을 떠나면 128Gb 메모리 3개쯤은 거뜬히 비우는 게 기본인 저는 고등학교 시절 디지털 콘텐츠를 전공할 정도로 사진과 영상에 관심이 많았어요. 그때의 전공 덕분에 일본에서 워킹홀리데이를 할 때는 한국에서 온 관광객들의 사진을 찍어주는 작가 활동을 하기도 했어요.

여행지에서의 사진은 행복했던 순간을 담는 것에 초점을 맞춰야 해요. 여행 사진은 잘 찍는 것도 중요하지만, 당시 느꼈던 감정과 색채를 잘 녹여낼 수 있도록 색감 보정까지 잘해야 인생샷을 만들 수 있어요. 사진을 보정하는 작업은 시간이 많이 소요되기는 하지만, 보정이 잘된 사진은 그 순간을 온전히 담아내어 오래도록 기억할 수 있어요.

저는 여행 사진 중에서 가장 잘 나온 것들 위주로 몇 개를 추려 꼼꼼하게 색 보정을 하는 편이에요. 이때 아이패드는 없어서는 안 될 최고의 도구죠. 보통 여행지까지 노트북을 들고 가진 않잖아요. 아이패드만으로도 충분히 전문가다운 사진을 만들 수 있으니까요.

스마트폰으로 간단하게 사진 앱을 이용해 효과를 줄 수도 있지만 상세하게 보정하기는 어려워요. 그래서 저는 어도비에서 만든 라이트룸Lightroom이나 구글에서 나온 스냅시드Snapseed 등 여러 가지 앱을 이용해 고화질로 보정을 하고 있어요. 그럼 여기서는 제가 주로 사용하는 라이트룸으로 간단하게 여행 사진을 보정하는 방법을 알려드릴게요.

라이트룸으로 사진 보정하기

아이패드에서 사용할 수 있는 라이트룸을 앱스토어에서 받아주세요. 라이트룸은 기본적으로 무료 앱이지만 지속적으로 활용하기 위해서는 월 결제를 해야 해요. 특히 사진을 전문적으로 공부하고 싶은 분들이라면 이 프로그램만 한 게 없어요. PC 버전의 경우 라이트룸 클래식이라는 프로그램으로 조금 더 디테일한 작업이 가능하지만, 원리만 알아두면 아이패드만으로도 충분히 멋진 작업물을 만들 수 있어요.

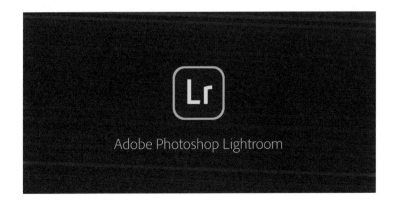

01 라이트룸을 열고 왼쪽 하단의 파란색 [+] 아이콘을 눌러 보정할 사진을 가져와 주세요.

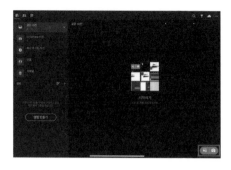

제가 가져온 사진은 미국으로 여행을 갔을 때 찍었던 사진인데요, 알록달록한 뒷배경과 하늘이 예뻐서 이 사진을 가져왔어요. 여행 사진이니만큼 여러 가지 색이 들어 있는 다채로운 사진을 준비하는 게 좋아요. 그래야 전후 변화가 커서 만족도가 더 올라간답니다.

프로 일잘러를 위한 슬기로운 아이패드 생활

02 사진을 불러온 다음, 오른쪽에 있는 여러 가지 탭을 이용해 사진 편집을 할 수 있어요. 먼저 [빛] 탭을 눌러 노출과 대비 등을 조절해 줄게요. 각자 선호하는 사진의 색감이 있겠지만, 저는 파스텔톤의 여리여리하면서 색깔이 도드라지는 사진을 좋아해요. 그래서 노출로 밝기는 조금 밝게 높여주고, 대비를 낮춰 어두운 부분을 조금 밝게 바꿔줬어요. 그리고 그 밑에 있는 밝은 영역은 살짝 어둡게 바꾸고 반대로 어두운 영역은 밝혀줘서 사진을 전체적으로 플랫한 느낌으로 만들어 줬습니다.

03 다음으로는 [색상] 탭을 이용해 약간은 비현실적인 색감을 넣어 여행의 기억을 조금 더 예쁘게 떠올릴 수 있게 해볼게요. 색 온도는 푸른 하늘과 배경이 좀 더 파랗게 보일 수 있게 살짝 낮춰주고, 채도와 생동감을 높여 알록달록한 느낌을 더해줬어요. 다음은 [색상] 탭 적용 후의 사진입니다.

그리고 오른쪽 위에 있는 [색상 혼합] 아이콘을 눌러 각 색상별로 세세하게 조절을 해줄 수 있어요. 각 색상을 선택해서 사진에 그 색상이 가지고 있는 영역의 색조, 채도, 휘도 등을 조절할 수 있어요. 저는 파란색 하늘 부분을 조금 민트색으로 보일 수 있도록 색조를 초록색 쪽으로 바꿔주고, 채도와 휘도를 높여 줬습니다.

04 이렇게 원하는 스타일로 사진 보정을 완성했어요. LA 사막 한가운데 있는 알록달록한 살베이션 언덕의 기억이 새록새록 피어나는 느낌이에요.

05 오른쪽 상단의 [내보내기] 아이콘의 [카메라 롤에 내보내기] 버튼을 눌러 앨범에 저장하면 됩니다. 이제 보정이 완료된 사진을 여러분의 SNS에 올리거나 인화해서 보관하면 됩니다.

사진 보정은 워낙 주관적이고 개인의 선호가 두드러지는 분야여서 제가 알려드리는 방법 그대로 보정하는 것은 추천하지 않아요. 여러분도 라이트룸의 기본적인 메뉴와 기능을 이용해 취향에 맞는 색감을 찾아보면 좋을 거 같아요. 내 소중한 여행의 기록을 남기는 데에 정답은 없으니까요!

노트북 없이도 어디서나
영상 편집하기

그날의 날씨와 기분까지 잘 담아낸 사진들의 보정 작업이 끝났다면 이 사진과 영상들을 가지고 간단한 여행 영상을 편집해 유튜브에 올릴 브이로그 영상을 만들어 볼게요. 간단한 영상 편집은 아이패드로 충분히 할 수 있는데, 조금만 배우면 어렵지 않게 할 수 있어요.

저는 아이패드에 기본으로 설치되어 있는 아이무비 앱이나 유료이지만 활용 폭이 넓은 루마퓨전을 사용해 영상 편집을 하고 있어요. 아이패드로 동영상을 편집할 수 있는 앱은 여러 가지가 있지만(VLLO, 키네마스터 등) 제가 주로 루마퓨전을 사용하는 이유는 PC의 작업환경과 유사한 구조를 갖추고 있기 때문이에요.

아이패드에 폰트 설치하기

동영상 편집을 할 때는 기본적으로 자막과 음악을 넣어야 완성도가 올라가요. 자막을 넣을 때는 아무래도 다양한 폰트가 필요하니 먼저 마음에 드는 폰트를 아이패드에 설치해 두어야 합니다. 아이패드에 폰트를 설치하는 방법은 다음과 같아요.

<u>01</u> 앱스토어에서 ifont 앱(무료)을 다운받습니다.

<u>02</u> 아이패드에서 인터넷에 접속해 원하는 폰트를 다운받아요. 한글 폰트는 눈누https://noonnu.cc/라는 사이트에서 다양한 폰트를 받을 수 있어요. PC에서 다운받은 폰트 파일은 icloud에 넣어 놓거나 메일로 보내 아이패드에서 다운받으면 돼요.

<u>03</u> 폰트를 다운받았으면 ifont에 들어가 하단에 있는 [installer]를 선택하고, 왼쪽 탭에서 다운받은 폰트를 선택한 후 파란색의 [install] 버튼을 누릅니다.

프로 일잘러를 위한 슬기로운 아이패드 생활

<u>04</u> 설정 창이 나오면 [허용] → [닫기] → [완료] 버튼을 눌러줍니다. 그리고 ifont 앱을 나와 아이패드의 기본 앱인 '설정' 앱에 들어가 왼쪽 상단에 생긴 [프로파일이 다운로드됨] 버튼을 누릅니다. 그리고 안내창에 따라 프로파일을 설치하고 본인의 아이패드 암호를 입력하면 폰트 설치가 완료됩니다.

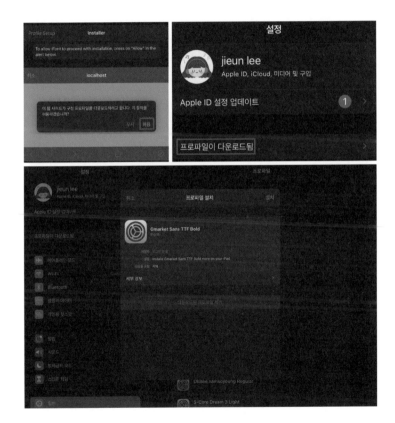

저작권 없는 음악 찾기

여러분이 유튜브에 영상을 업로드하고 싶다면 영상에 넣을 배경음악은 저작권이 없는 것을 넣어야 문제가 생기지 않아요. 저작권이 없는 음악은 유튜브에서 'no copyright music' 또는 'NCS'를 검색하면 다양한 음악을 들을 수 있어요. 여기서 여러분의 취향에 맞는 음악을 찾아 미리 아이패드에 설치해 두면 좋습니다.

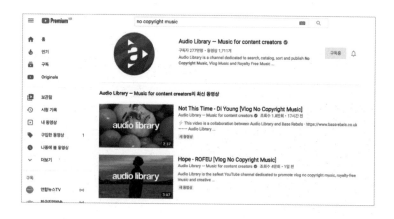

루마퓨전으로 영상 편집하기

자, 이렇게 영상 제작을 위한 준비가 되었으니 이제 아이패드로 영상 편집을 하는 방법을 루마퓨전을 사용해 알려드릴게요. 저와 함께 짧은 여행 영상을 한 편 만들어 볼까요?

<u>01</u> 여행 영상을 만들 때에는 분위기에 어울리는 음악을 먼저 선정해 두고 사

프로 일잘러를 위한 슬기로운 아이패드 생활

진이나 영상을 촬영할 때부터 그 음악의 분위기에 맞춰 찍으면 좋아요.

<u>02</u> 여행에서 찍어온 영상클립과 다운받은 음악을 루마퓨전의 [파일]에서 불러옵니다.

<u>03</u> 영상과 음악을 순서에 맞게 타임라인에 드래그앤드롭 해서 배치합니다.

04 원하는 영상과 음악을 배치한 다음에는 음악의 박자에 맞게 가위 모양의

툴을 선택해 나누기를 눌러 잘
라줍니다. 키보드를 사용하는
경우 단축키를 사용해 자르기를
할 수 있는데, Command + B를
누르면 바가 있는 부분에서 영상
이 잘리는 것을 확인할 수 있어
요(참고로 루마퓨전으로 영상을 촬영할
때는 키보드를 사용하면 편리합니다).

05 음악에 맞춰 자르기 작업을 마쳤으면 [타이틀] 탭을 눌러 영상에 맞는 자
막을 넣습니다.

프로 일잘러를 위한 슬기로운 아이패드 생활

06 영상에서 음악도 넣어보고 자막도 넣었는데 매끄럽지 않은 부분이 있다면 트랜지션을 넣어주는 것도 방법이에요. 화면 전환 효과를 넣으려면 해당 영상 클립을 선택합니다. 클립이 선택된 부분은 양쪽으로 화살표와 사각형 박스가 생겨요. 이렇게 선택을 한 다음 하단의 [별 모양] 아이콘을 누르면 다양한 트랜지션 효과가 나옵니다.

07 트렌지션 효과까지 완료되었다면 오른쪽 하단의 [내보내기] 아이콘을 눌러 [영화] → [저장 위치를 선택한 뒤 내보내면 저장이 됩니다.

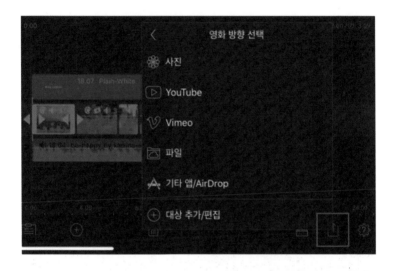

08 이제 여러분의 소중한 순간을 담은 영상을 다른 사람들에게 공유해 보세요. 뜻깊은 시간이 될 거예요.

프로 일잘러를 위한 슬기로운 아이패드 생활

03

훨씬 쉽고 편해진
그림 그리기

아이패드를 사자마자 '굿노트' 앱과 함께 다운받은 앱이 바로 '프로크리에이트'라는 앱이었어요. '프로크리에이트'는 주로 그림을 그리는 사람들이 많이 사용하는 앱인데, 저는 플래너를 꾸밀 때 쓰는 간단한 스티커 그림을 그리거나 유튜브 영상의 썸네일을 꾸미는 데 사용하고 있어요. 다음 썸네일들이 '프로크리에이트' 앱을 사용해 좀 더 나만의 개성을 살려본 것들이랍니다.

프로크리에이트로 꾸며본 유튜브 썸네일

아이패드와 애플 펜슬이 없을 때에는 도화지에 색연필이나 사인펜으로 그림을 그린 후 스마트폰으로 스캔을 받아 포토샵에서 수정을 하는 복잡한 과정을 거쳐야 했지만, 아이패드에서 '프로크리에이트' 앱을 사용하고부터는 그림 그리기가 훨씬 재미있고 편해졌어요.

또 플래너를 쓰다가 어울리는 스티커가 필요할 때에는 프로크리에이트 앱에서 직접 원하는 그림을 그려 클립보드에 복사하고 굿노트에 바로 붙여넣기도 합니다.

프로크리에이트에서 직접 그려본 굿노트용 스티커와 그림

또 애니메이션 기능이 있어 움직이는 영상이나 자막을 만들 때도 사용할 수 있어요. 움직이는 이모티콘을 만들어 보고 싶다면 스패너 모양의 [동작] 아이콘에서 [캔버스] → [애니메이션 어시스트]를 눌러 애니메이션 어시스트 기능을 잘 사용해 보면 좋을 것 같아요.

그럼 지금부터 프로크리에이트에서 간단하게 스티커를 만드는 방법을 알아볼게요. 여러분도 이 앱을 잘 활용하면 굿노트에서 사용할 나만의 스티커를 만들어 개성있게 꾸밀 수 있을 거예요.

프로 일잘러를 위한 슬기로운 아이패드 생활

프로크리에이트로 개성있는 스티커 만들기

프로크리에이트는 높은 해상도의 캔버스를 다양한 크기로 만들 수 있어요. 특히 두 손가락으로 확대를 하면 바로 캔버스의 일부분이 확대되는 핀치줌 기능이 지원되고, 두 번 톡톡 치면 실행 취소가 되는 등 여러 가지 제스처를 사용하는데 편리하기 때문에 다른 앱보다 많이 사용하고 있어요.

<u>01</u> 프로크리에이트를 실행하고, 오른쪽 상단의 [+] 아이콘을 누르면 새로운 캔버스를 그릴 수 있어요. 여기서 원하는 크기의 캔버스를 설정해 주세요. 저는 오른쪽 상단의 [+] 아이콘 아래에 있는 [사용자 지정 캔버스] 아이콘을 눌러 3000px × 3000px, 해상도는 450dpi로 만들어 줄게요. 저는 고화질의 스티커를 만들고 싶어서 화면을 크게 설정했어요. 여러분도 원하는 사이즈를 자유롭게 입력하면 됩니다.

<u>02</u> 원하는 사이즈의 캔버스를 만들었으면 오른쪽 상단에 있는 [브러쉬] 아이콘을 선택해 마음에 드는 질감의 브러쉬를 설정합니다. 프로크리에이트는 다양한 브러쉬가 내장되어 있어 취향에 맞게 사용할 수 있고, 나에게 맞는 브러쉬를 직접 만들거나 다른 사람들이 만든 브러쉬를 가져와 쓸 수도 있어요. halfapx 사이트http://halfapx.com/procreate-brushes/에서 여러분의 취향에 맞는 브러쉬를 다운받아도 좋아요.

저는 내장되어 있는 [스케치] - [6B 연필] 브러쉬를 사용해 낙서한 듯한 느낌의 간단한 아이콘 스티커를 만들어 보려고 해요.

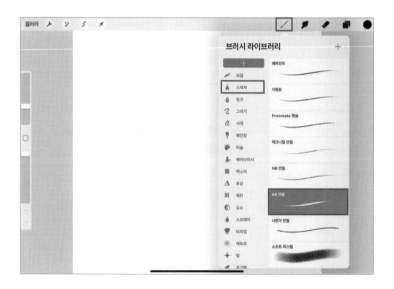

<u>03</u> [지우개] 아이콘 옆에 있는 도형 모양의 [레이어] 아이콘을 누르면 현재 캔버스의 레이어를 자세히 볼 수 있어요. [+] 버튼을 눌러 레이어를 추가해 그림을 그릴 수 있고, 드래그해서 레이어 그룹을 만들거나 복제와 삭제도 할 수 있어요.

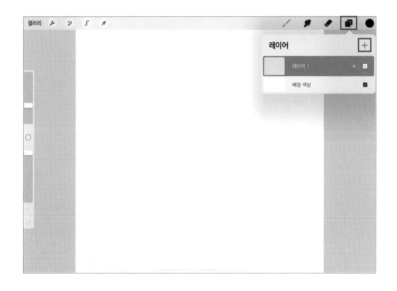

<u>04</u> 왼쪽에 있는 슬라이드 바를 사용해 브러쉬의 크기와 투명도를 조절할 수 있어요. 위에 있는 슬라이드는 크기를, 아래에 있는 슬라이드는 농도 조절이 가능하고 변형하여 다양한 느낌을 낼 수도 있답니다.

슬라이드 바의 가운데 사각형을 누르면 화면이 확대되어 원하는 부분의 색상을 추출할 수 있는 [스포이드] 도구를 사용할 수도 있어요.

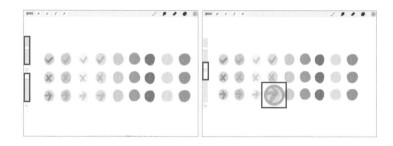

05 [스포이드] 도구를 사용하여 색상을 추출할 수도 있지만, 오른쪽 상단의
가장 오른쪽에 있는 컬러 아이콘을 눌러 여러 가지 색상을 직접 고를 수도
있습니다.

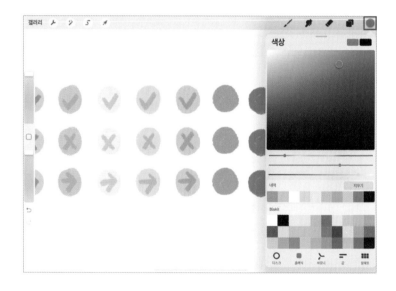

프로 일잘러를 위한 슬기로운 아이패드 생활

06 왼쪽 상단의 S 모양 [올가미] 아이콘을 눌러 원하는 부분을 선택한 후 [올가미] 아이콘 바로 오른쪽에 있는 화살표 모양의 [선택] 아이콘을 눌러 그렸던 그림의 크기를 조절하거나 회전, 이동할 수 있어요.

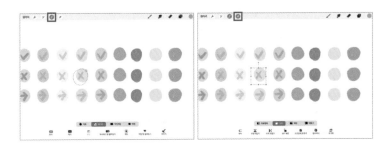

07 그림을 완성했다면 스티커로 사용하기 위해 배경이 없는 투명한 상태로 저장을 해줘야 합니다. 오른쪽 상단의 [레이어] 아이콘을 누른 다음 배경 레이어 오른쪽 체크박스를 눌러 하얀색 배경 레이어를 지워 주세요.

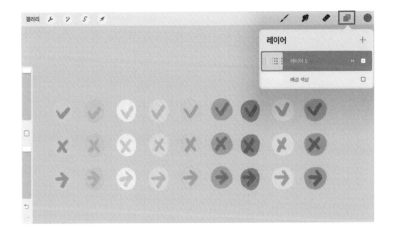

그리고 왼쪽 스패너 모양의 [동작] 아이콘을 누른 다음 PNG 파일로 이미지 저장을 해주면 스티커가 완성됩니다.

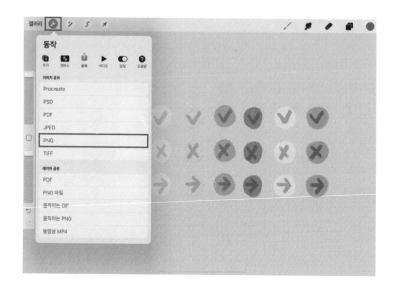

이렇게 완성된 스티커를 굿노트 앱에 불러온 다음 필요한 부분을 복사해서 사용하면 돼요.

프로 일잘러를 위한 슬기로운 아이패드 생활

즐거움에서 뿌듯함까지!
외국어 스터디노트

저는 넷플릭스와 티빙, 웨이브 등 다양한 OTT 서비스로 드라마와 영화를 보고 있는 영상 덕후입니다. 그런데 저는 단순히 영상을 보는 것에서 그치지 않고, 제가 본 영상에 대해 간단하게나마 리뷰를 남기려고 노력하고 있어요. 그러기 위해 〈낼나 다이어리〉의 뒷부분에 [REVIEW] 탭을 만들어 두었는데, 영화와 드라마의 포스터 이미지를 첨부하고 짧은 소감문을 적을 수 있는 곳이랍니다.

많은 영상을 접하다 보니 이렇게 적어두지 않으면 금방 잊어버리게 되고, 나중에는 막연하게 좋았다는 생각만 남더라고요. 그런 점이 아쉬워 항상 '리뷰' 서식에 제 생각을 기록하려고 노력하고 있어요.

영화와 드라마, 책의 짧은 리뷰를 남겨 오랫동안 기억할 수 있어요.

　'리뷰' 서식에는 영화와 드라마뿐만 아니라 책에 대한 간단한 북리뷰도 남기고 있어요. 책의 경우는 표지를 캡처해서 넣으면 어떤 책을 읽었는지 단번에 알 수 있어서 좋아요.

　저는 플래너에는 '어떤 것을 보았다' 정도만 기록을 하고 있어요. 그리고 좀 더 긴 정리가 필요할 때는 FREE NOTE를 활용해 느낀 점을 상세히 적어보기도 하고, 시사하는 바 혹은 책을 읽다 궁금한 질문들을 적어놓기도 해요. 특히 영화나 책을 볼 때 감명깊은 부분은 아이패드로 바로 캡처해 FREE NOTE에 넣어두면 나중에 블로그에 글을 쓸 때 이미지를 삽입할 수 있어 아주 유용하답니다.

그런데 아이패드로 영화나 드라마에만 집중하게 되면 언젠가는 넷플릭스 머신으로 전락해 버릴 거예요. 저 역시 마찬가지였어요. 그래서 어차피 볼 드라마라면 '마음 편히 재밌게 즐기면서 공부도 하면 어떨까?' 하는 생각으로 외국어 스터디노트를 만들어 활용하고 있어요.

〈넷플릭스 스터디노트〉라고 이름을 붙인 이 노트에는 영화나 드라마를 보다가 좋은 대사나 실생활에 바로 사용할 수 있는 대사가 나오면 잠깐 화면을 멈추고 스터디노트를 열어 그 내용을 기록해요. 이렇게 하다 보니 아이패드로 영화나 드라마를 볼 때도 나 자신에게 미안하지 않고 재미있게 외국어 공부를 할 수 있더라고요.

여가와 자기계발, 두 마리 토끼를 잡고 싶은 분들에게는 저처럼 간단한 스터디노트를 만들어 활용해 보는 것을 추천드립니다.

즐거움에서 뿌듯함까지 느낄 수 있는 넷플릭스 스터디노트

항상 들고 다니는 나만의 도서관

특별한 사회 경험 없이 회사를 창업하다 보니 저에게는 업무 관련 지식을 알려줄 선배가 없었어요. 더군다나 유튜브 작업을 하며 크리에이터들과 협업을 할 일이 많다 보니 유튜브 마케팅, 트렌드, 알고리즘 등 익숙하지 않은 미지의 영역에 대해서도 많은 공부가 필요했어요. 이때 아이패드는 항상 가볍게 들고 다니면서 최신 지식과 트렌드를 얻는데 최적화된 도구여서 '똑똑한 삶을 살아보자'라는 제 인생의 큰 목표에 맞게 열심히 활용하고 있어요.

부족한 공부는 인강으로 마스터!

유튜브 크리에이터의 삶은 항상 많은 공부를 하게 만들어요. 특히 디지털 마케팅은 트렌드를 따라가야 하다 보니 조금만 관심을 늦춰도 한참 뒤처지게 되더라고요. 그래서 이런 최신 트렌드는 인강으로 많이 공부하고 있어요.

아이패드로 인강을 들으면 좋은 점은 화면 왼쪽에 동영상 강의를 띄워놓고, 화면 오른쪽에는 스플릿뷰로 강의자료나 스터디노트를 띄워놓으면 강의를 보면서 바로 노트를 하며 공부할 수 있다는 거예요. 여러분도 학교 수업이나 업무에 필요한 동영상 강의를 들을 때는 스터디노트를 함께 활용하면 많은 도움이 될 거예요.

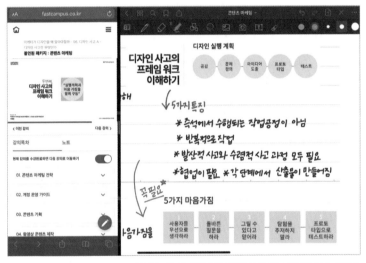

스플릿뷰 기능을 활용해 강의를 들으며 바로 정리를 할 수 있어요.

항상 들고 다니는 나만의 도서관

저는 책을 읽을 때 바로바로 요약정리를 하지 않으면 기억에 오래 남지 않더라고요. 그래서 보통 주말에는 한적한 카페에 가서 책과 아이패드를 함께 펼쳐두고 요약정리를 해가며 읽는 답니다.

아이패드로 정리하며 책을 읽으면 더 오래 기억에 남아요.

그런데 요즘은 웬만한 도서가 전자책으로 동시에 출간되어 서점이나 도서관에 가지 않고도 아이패드로 쉽게 전자책을 볼 수 있어요. 저는 '밀리의 서재'라는 구독 서비스를 이용하고 있는데, 월 9,900원만 지불하면 서점에서 볼 수 있는 대부분의 책을 읽을 수 있어요.

참고로 아직 전자책을 접해 보지 않은 분들은 지자체 공공도서관에서 회원가입만 하면 매월 1~2권 정도의 전자책을 무료로 대여해 주고 있으니 이번 기획에 읽어 보는 것도 추천드려요.(자세한 사용방법은 시, 도별로 차이가 있을 수 있으니 거주하고 있는 지역 도서관 홈페이지를 참고해 주세요)

그리고 최근의 전자책은 대부분 '읽어주기'(듣기) 기능이 지원되는데, 눈으로만 글을 읽을 때보다 훨씬 집중이 잘 되었어요. 특히 운전을 할 때나 이동을 할 때 라디오를 듣듯이 책을 들을 수 있어 책 읽는 습관을 들이는데 도움

프로 일잘러를 위한 슬기로운 아이패드 생활

을 많이 받았어요.

아이패드로 전자책을 볼 때 멀티태스킹 기능을 활용해 전자책과 노트 앱을 함께 띄워 놓으면 책의 내용 중 일부를 캡처한 뒤에 복사해서 붙여넣을 수 있고, 간단한 메모도 할 수 있어 훨씬 효과적이에요.

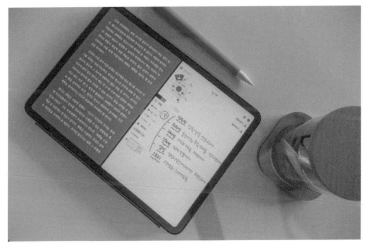

전자책을 읽을 때도 스플릿뷰로 굿노트나 컨셉 앱을 열어놓고 정리하며 읽어요.

팟캐스트는 다양한 지식의 보물창고

저는 책 외에 팟캐스트를 통해서도 많은 것들을 배우고 있어요. 팟캐스트는 개인 라디오 방송 정도로 이해하면 될 거 같은데, 요즘은 TV나 라디오 방송도 팟캐스트로 서비스를 하고 있어요. 아이패드에서 '팟캐스트' 앱에 접속하면 정치·경제·시사·오락 등 다양한 프로그램들이 방송되는데, 여러분도 관심있는 주제는 구독을 하여 시간이 날 때마다 틈틈이 들어보면 좋을 것 같아요.

제가 듣는 팟캐스트를 몇 개 추천해 드리면 우선 중앙일보 기자들이 만드는 밀레니얼을 위한 시사교양 프로그램인 〈듣다 보면 똑똑해지는 라이프〉 줄여서 '듣똑라'라는 프로그램이 있어요. 매일 아침 출근길 40~50분 정도의 시간을 책임져 주고 있답니다. 그리고 또 하나는 〈요즘 책방 : 책 읽어 드립니다〉라는 tvN에서 하는 예능 프로그램인데, 설민석 선생님이 책에 대한 내용을 알기 쉽게 설명해 주고, 그 내용을 패널들과 함께 토론하는 프로그램이에요. 주로 고전과 인문 분야의 주제를 다루고 있어요. 두 프로그램은 새로운 방송이 올라올 때마다 듣고 있는데, 최신 지식과 트렌드를 쌓는 데 많은 도움이 되고 있어요.

관심있는 주제가 나올 때는 중요한 주제별로 메모를 하며 팟캐스트를 듣습니다.

프로 일잘러를 위한 슬기로운 아이패드 생활

출퇴근 시간에 아이패드로 인강을 듣거나 책을 읽고 팟캐스트를 들어보면서 여러분의 자투리시간을 활용해 세상의 많은 것들에 관심을 가져보는 건 어떨까요?

Tip

멀티태스킹으로 생산성을 높여 보세요

애플의 운영체제가 iOS 11로 업그레이드된 후, 아이패드에 다중 앱을 동시에 활용할 수 있는 기능이 생겼어요. 다중 앱을 사용하는 방법은 3가지가 있는데, 이 기능을 실행하려면 [설정] 앱에 들어가 [홈 화면 및 Dock] → [멀티태스킹]에서 '다중 앱 허용'과 '화면 속 화면'이 활성화되어 있어야 멀티태스킹을 활용할 수 있어요.

① Split View : 화면 분할
② Slider Over : 새로운 앱의 창 띄우기
③ PIP(화면 속 화면) 모드 : 작은 화면으로 동영상 재생

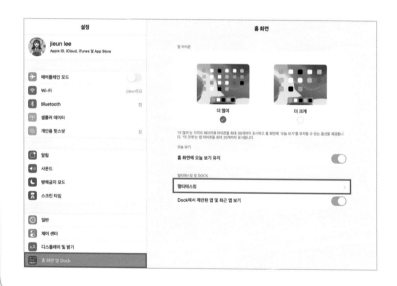

스플릿뷰는 아이패드의 화면을 두 개로 분할하여 각 화면에 앱을 하나씩 실행하여 사용하는 것을 의미해요. 실행방법은 다음과 같아요.

① 첫 번째 앱이 실행된 상태에서 하단의 Dock을 활성화시킵니다. 아래쪽 모서리에서 손가락으로 화면을 살짝 위로 올리면 여러 가지 아이콘이 들어있는 Dock이 활성화될 거예요. 이때 멀티태스킹을 하려는 앱이 Dock 안에 미리 들어있어야 해요.

② 그럼 여기서 새로 실행하고자 하는 앱을 길게 눌러 Dock 밖으로 끌어내면 돼
요. 이때 잡고 있던 앱을 그냥 놓으면 스플릿뷰가 아닌 슬라이드 오버로 앱이
켜질 수 있으니, 완전히 화면을 분할해서 창을 열려면 아이패드의 오른쪽이
나 왼쪽 모서리로 이동해야 해요. 여기서 화면 비율은 중앙에 있는 바를 조정
하여 바꿀 수 있습니다. 그리고 스플릿뷰를 종료하려면 중앙 바를 오른쪽이
나 왼쪽 끝까지 이동시키면 됩니다.

프로 일잘러를 위한 슬기로운 아이패드 생활

02 Slide Over(슬라이드 오버) 사용하기

슬라이드 오버는 이미 실행 중인 앱 위에 다른 앱을 끌어와 별도의 앱이 보여지
도록 하는 형태입니다. 스플릿뷰와 달리 화면에 고정되지 않고 앱을 움직일 수
있다는 점이 특징이고, 동시에 여러 가지 앱을 화면에 띄우지는 못합니다. 하지
만 스플릿뷰 형태에서 슬라이드 오버까지 사용하면 총 3가지 앱을 동시에 사용
할 수 있어요.

① 첫 번째 앱을 실행한 다음, 아래쪽 모서리를 위로 올려 Dock을 활성화시킵
   니다.

② 실행하고 싶은 두 번째 앱을 끌어 Dock 밖으로 이동시켜 화면 위에 살짝 놓
   으면 돼요. 이때도 스플릿뷰와 마찬가지로 새로 사용하려는 앱이 Dock 안에
   미리 들어있어야 해요. 참고로 스플릿뷰 상태에서 슬라이드 오버로 사용하려

면 중앙 경계지점으로 Dock에 있던 화면의 앱을 끌어오면 됩니다. 그리고 슬라이드 오버로 열린 앱을 숨기려면 해당 앱의 상단바를 오른쪽으로 밀어주면 됩니다.

03 PIP모드(팝업모드)

PIP모드는 현재 사용 중인 화면과는 별개로 별도의 창에 동영상이 재생되는 기능이에요. 넷플릭스와 같이 특정 앱의 경우는 스플릿뷰가 허용되지 않지만 PIP모드로 실행되기도 합니다. 아이패드에서 PIP모드는 영상통화(페이스타임)를 할 때 주로 사용할 수 있어요.

이렇게 해서 아이패드에서 여러 가지 앱을 동시에 사용하는 방법에 대해 알아봤어요. 저는 스플릿뷰를 사용하여 인터넷 정보를 검색하거나 이미지를 가져오는 방법을 많이 사용하고 있습니다.

여러분도 멀티태스킹 모드로 생산성을 더 높여 보는 건 어떨까요?

PART

4

Smart Life Style with IPAD

나다운 삶을 위한
나만의 서식 만들기

나만의 서식을 만드는 5단계 프로세스

지금까지 아이패드 활용법과 디지털 플래너 작성법을 익혔다면 이제 조금 더 중요한 이야기를 해보려고 해요. 바로 제가 이 책을 시작하면서 계속 강조했던 '나만의 서식 만들기'에 대한 이야기입니다. 저는 평소 일을 하거나 일상생활을 하며 필요하다고 생각되면 플래너, 기획노트, 회의노트 등 업무에 필요한 서식뿐만 아니라 가계부, 일기장, 감정일기, 여행노트 등 개인적으로 필요한 여러 서식을 PDF로 만들어 '굿노트' 앱에서 사용하고 있어요.

보통 업무적으로 요청을 받거나 필요에 의해 정교한 서식을 만들 때는 디자이너 '쌤'과 기획부터 제작까지 함께 하는 편이에요. 이때는 당연히 포토샵이나 일러스트를 이용해 예쁘게 만들고 있어요. 하지만 개인적으로 필요한 서식은 아이패드에 있는 키노트를 활용해 그때그때 간단하게 만들어 쓰고 있어요. 만약 키노트가 익숙하지 않다면 본인에게 익숙한 엑셀, 한글, 파워포인트 등 다양한 프로그램으로 서식을 만들어 PDF로 저장하여 굿노트에 불러와 사용할 수 있답니다.

사실 월간 플래너와 같은 다이어리 서식은 포털사이트에서 완성된 서식을 공유하고 있는 곳들이 많아 직접 만들기보다는 다운받아 쓰는 게 더 효율적이라고 생각할 수 있어요. 하지만 막상 서식을 다운받아 써보면 나에게 맞지 않는 부분이 너무 많거나 부족한 부분이 있어 불편했던 경험이 다들 있을 거예요.

번거롭지만 서식을 직접 만들어 써야 하는 이유는 우리가 단순히 달력이 그려진 월간 플래너가 필요한 것이 아니기 때문이에요. 나의 일상을 그대로 담아낼 수 있는 나만의 기록장이 필요한 거죠. 마치 맞춤정장이 내 몸에 딱 맞는 편안한 핏이 나오는 것처럼요. 그렇게 만들어진 서식은 그 어떤 사람도 아닌 '나'의 일상에 꼭 필요한 것들로 구성되어 나의 삶이 하루하루 달라지는 데 큰 도움을 줄 거예요.

그럼 지금부터 제가 어떤 과정을 거쳐 나만의 서식을 만들어 왔는지 차근차근 알려드릴게요!

◉ 서식 제작 5단계 프로세스

Step 1 어떤 서식을 만들지 결정하기
Step 2 서식에 필요한 요소 생각해 보기(체크리스트, 메모, 타임라인 등)
Step 3 각 요소들을 배치하고 스케치하기
Step 4 익숙한 도구로 PDF 서식 만들기
Step 5 수정보완하기

Step 1. 어떤 서식을 만들지 결정하기

본격적으로 서식을 만들기 전에 신중하게 생각해 볼 게 있어요. 여러분은 어떤 서식을 만들고 싶으세요? 어떤 서식을 만들어야 항상 곁에 두고 잘 쓸 수 있을 거 같나요? 종이 다이어리와 똑같은 플래너를 만들고 싶은 건가요?

저는 '남들이 만드니까 나도 만들어 봐야지'라는 생각은 추천하지 않아요. 중요한 건 이 서식이 나에게 어떤 도움을 줄 수 있는지, 그러기 위해서는 어떤 서식이 필요한지 먼저 고민해 보는 거예요.

PART 4에서 저는 여러분과 함께 '기획노트'와 '프로젝트 플래너'를 만들어 보려고 해요. 이 두 서식을 만들게 된 것도 '직장인들이 매일 쓰는 서식은 어떤 것이 있을까?' '평소 노트에 기록하면서 불편했던 것은 어떤 게 있었지?'를 충분히 고민했기 때문이에요. 첫 단추를 잘 끼워야 다른 단추들도 자리에 맞게 채워지듯, 나에게 어떤 게 필요한지 충분히 생각해 보면 좋겠어요.

우리가 만들어 볼 '기획노트'는 신규 프로젝트를 기획하거나 아이디어를 떠올릴 때 꼭 필요한 요소들을 모아둔 낱장 서식으로 만들 생각이에요.

함께 만들어 볼 기획노트

프로 일잘러를 위한 슬기로운 아이패드 생활

그리고 '프로젝트 플래너'는 프로젝트 위주로 정리해 한 달 동안 해야 할 일들을 거시적으로 볼 수 있는 '먼슬리 페이지'와 매일매일 해야 할 일을 기록하고 체크하는 '데일리 페이지'로 구성할 예정이에요. 일상적인 기록보다 회사에 있는 시간이 길고 할 일이 많은 직장인들에게 초점을 맞춰 기획해 볼 거예요.

함께 만들어 볼 프로젝트 플래너(먼슬리 페이지, 데일리 페이지)

제가 평소 사용하고 있는 플래너는 하루 일과를 계획하는 타임라인을 중심으로 하루의 시간을 허투루 보내지 않기 위한 용도로 사용했어요. 그러다 보니 일정관리를 하기에는 충분하지만 회사에서 하는 업무나 유튜브 채널 운영, 그 외 프로젝트를 중심으로 진행되는 일들을 할 때 업무내용과 중요도,

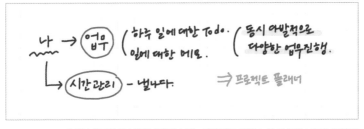

서식의 용도와 요소들을 정리해 보며 <프로젝트 플래너>를 만들어 보기로 했어요!

PART 4. 나다운 삶을 위한 나만의 서식 만들기

체크리스트를 제대로 관리하기 어렵더라고요. 그래서 평소 쓰고 있는 플래너와는 별개로 업무를 정리해 둘 수 있는, 본격적으로 일잘러가 될 수 있는 '프로젝트 플래너'를 만들어 볼 거예요.

기획노트와 프로젝트 플래너의 타깃은 동시에 여러 가지 일을 진행하며 일을 잘하고 싶은 직장인, 여러 과제를 동시에 진행해야 하는 대학생, 콘텐츠를 기획하는 크리에이터 등이 될 수 있겠네요. 어떤 서식을 만들 것인지에 앞서 이렇게 누가 사용할지를 먼저 생각해 보고, 그 타깃에게 필요한 것들을 나열해 보는 것도 좋은 방법이에요.

Step 2. 서식에 필요한 요소 생각해 보기

우리에게 필요한 서식을 결정했다면 서식에 어떤 요소가 들어가면 좋을지 고민해 봐야 해요.

시작부터 '이런 서식을 만들 거야'라며 키노트나 포토샵을 열고 바로 그리려고 하면 막막할 거예요. 이런 경우 의도와 다른 방향으로 가다 삼천포로 빠지게 되죠. 시행착오를 줄이기 위해서는 내가 만들 서식의 기둥부터 단단히 세워야 한답니다.

그래서 저는 플래너를 만들 때 '여러 다이어리에 있는 요소들 중에서 어떤 것이 내게 가장 필요할까?'를 먼저 고민해요. 여러분도 각자 평소에 쓰고 있는 서식에서 '어떤 걸 더 추가하면 좋을까?' '뭐가 더 있으면 좋을까?' 이런 고민을 해보는 단계가 우리에게 가장 필요하지 않을까 싶어요.

그럼 '프로젝트 플래너' 중 '먼슬리 페이지'에 어떤 요소가 들어가면 좋을지 고민해 볼까요? 제가 머릿속에 떠올리는 '먼슬리 페이지'는 매달 진행하고 있는 일을 프로젝트 단위로 기록하는 플래너에요. 한 달 동안 사용하려면 작게나마 달력이 들어가 날짜와 요일을 볼 수 있으면 좋을 것 같고, 프로젝트의 완성을 다짐하는 의미에서 프로젝트의 목표를 적는 칸도 있어야 할 것 같아요. 그리고 프로젝트의 진행상황이나 체크할 것들을 적을 수 있는 프로젝트 박스를 만들고 체크리스트도 넣으면 좋을 거 같아요. 또 필요한 것들을 적을 수 있는 메모 칸도 필요할 것 같네요.

* 먼슬리페이지

① 1개월 단위의 달력(작게)/그외스케줄은 날나따로 관리.

② 한눈에 볼수있는 프로젝트 현황./체크리스트

③ 그외에 다양한 것을 적을수 있는 메모"

④ 월간 → 데일리 이동 <하이퍼링크>

서식을 만들기 전에 어떤 내용들이 필요할지 요소들을 정리해 보았어요.

제가 생각해 본 것처럼 여러분도 먼슬리 페이지에 필요한 것들을 한 번 나열해 보세요. 사소하게는 날짜와 요일을 넣는 칸도 좋고, 체크리스트 박스는 원형이 나을지 사각형이 나을지처럼 세세한 것도 미리 생각해 보는 게 중요해요. 이렇게 전반적으로 어떤 것들이 필요한지 요소를 정했으면 다음 단계로 넘어가 볼게요.

Step 3. 각 요소들을 배치하고 스케치하기

이제 Step 2에서 생각했던 요소들을 어떻게 배치할지 러프하게 밑그림을 그려볼 거예요. 어떤 서식을 만들지, 또 그 서식에 어떤 요소를 넣을지, 어떻게 배치할지 미리 구성을 했어도 바로 완성작을 만들기는 쉽지 않아요. 그래서 이때 밑그림을 구체적으로 그려둬야 합니다.

우선 굿노트나 기본 메모 앱 등 익숙한 메모장을 펼친 다음 사이즈는 얼마로 할지, 각 요소들은 어떻게 배치를 할지 등 여러분이 서식에 넣을 각 요소들을 정할 때 생각했던 구성으로 레이아웃을 미리 그려볼 거예요. 건물을 만들 때 설계도를 먼저 만드는 것처럼 말이죠.

그런데 이렇게 밑그림을 그렸더라도 막상 제작을 하다 보면 조금씩 수정하게 되더라고요. 그래서 밑그림을 그릴 때 이것저것 여러 가지 형태로 스케치를 해보는 것이 좋아요. 들어갔으면 좋을 것 같은 요소들을 이리저리 옮겨가며 여러 개의 밑그림을 그려보는 거죠. 이때는 평소 사용했던 다이어리나 다른 사람들이 쓰고 있는 서식을 참고하는 것도 도움이 될 거예요.

Step 4. 익숙한 툴로 PDF 서식 만들기

스케치가 끝났다면 여러분이 평소 잘 사용하는 프로그램를 이용해 서식을 만들어 볼 거예요. 보통 이런 서식들은 PC로 작업을 한다면 인디자인·일러스트·포토샵 등의 디자인 툴을 사용하거나 파워포인트·엑셀·한글 등 익숙한 프로그램으로 만들 수도 있어요. 프로그램은 결과물을 만들어 내는 도구일 뿐이니 본인이 가장 잘 사용할 수 있는 것으로 만들면 됩니다. 어떤 프로

프로 일잘러를 위한 슬기로운 아이패드 생활

그램을 이용해 만들든 결과물을 PDF로 변환할 수 있으면 굿노트에서 사용할 수 있답니다.

이 책에서는 여러분이 아이패드를 이용해 서식을 만들고 쓸 수 있도록 아이패드에 기본으로 설치되어 있는 키노트로 서식을 제작하는 방법을 알려드릴 예정이에요. 키노트로 서식을 만드는 방법은 다음 장에서 자세히 알려드릴게요.

Step 5. 수정보완하기

여러분에게 익숙한 프로그램을 이용해 서식을 완성했다면 이제는 직접 사용해 봐야겠죠? 실제로 굿노트 앱에 불러와 직접 써보면서 어떤 부분이 불편한지, 부족한 요소는 없는지 등을 체크해 보고 수정을 하면서 완성도를 높여가는 단계가 꼭 필요합니다.

내가 만든 줄과 칸의 높이가 내가 쓰는 글씨에 맞는 크기인지, 메모 칸에 들어갈 모눈종이의 크기가 과하게 크지는 않은지, 체크리스트 박스는 원형 박스보다 사각형이 어울리는 게 아닌지 등 여러 가지 것들을 직접 사용해 보면서 아쉬운 부분을 수정해 주는 거죠. 이때 잊지 말아야 할 것은 원본 파일을 따로 보관해 두고 복사본에 작업을 해야 한다는 거예요. 그래야 나중에 작업파일을 실수로 삭제했을 때 복구할 수 있고, 수정 전과 후를 비교하기도 좋거든요.

수정작업까지 끝났다면 이제 온전히 여러분의 일상을 담을 수 있는 나만의 서식이 완성된 거예요.

- 우리가 만들어볼 서식 List -

1. 1 page 기획노트
   → 아이디어를 떠올릴때 필요한 최소 내용으로 구성

2. 프로젝트 플래너

   월간 x 1
   ⎡ → 한 달간 해야할 일 check. 다양한 일. 동시 다발적
   ⎢ → 프로젝트 단위로 진행상황 체크
   ⎣ 일간 x 35

   → 매일하는 일을 체크하는 ▯ ___ check 1라 위주.
   → 자유롭게 활용할수 있도록 메모 (Note) 크게

앞으로 이 서식들을 차근차근 함께 만들어 보도록 해요!

나만의 1page 기획노트 만들기

그럼 지금부터 앞에서 설명한 5단계 프로세스에 따라 프로젝트 구상이나 아이디어를 떠올릴 때 사용할 '1page 기획노트'를 만들어 볼게요.

기획노트의 구성요소 및 스케치 작업

제가 앞에서 계속 강조했던 것 중 하나가 바로 손으로 글씨를 쓰며 생각을 구체화시키는 것이었어요. 특히 기획단계에서는 이 과정이 아주 중요한데, 이때 그저 백지 노트에 글을 쓰는 것보다 일정 정도 형식이 갖춰진 서식을 활용하는 것이 좋아요.

기획노트를 만들기에 앞서 기획이 필요한 단계에 꼭 필요한 요소는 어떤 것이 있는지 고민해 봤어요. 기획의 주제, 마감기한이 있다면 언제까지인지, 무엇을 기획해야 하는지의 기획의도와 기획목표, 그리고 어떤 것을 해야 하는지를 구체적으로 적어 볼 수 있는 내용과 특이사항을 적을 수 있는 메모로 구성해 봤어요. 여러분도 서식을 만들고자 한다면 어떤 내용으로 서식을 채울지 꼼꼼하게 고민해야 합니다.

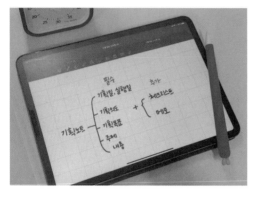

우리가 만들어 볼 기획노트에는 어떤 요소들이 필요할지 정리해 보았어요.

이렇게 필요한 요소가 정해졌다면 간단한 형태로 레이아웃을 스케치해 봅니다. 어떻게 구성할지가 가장 핵심이기 때문에 이 단계를 잘 거치면 서식을 편하게 만들 수 있어요.

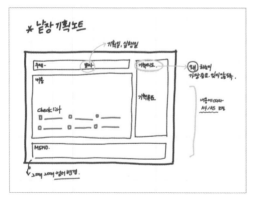

정리한 요소들을 바탕으로 어느 정도의 크기로, 어디에 위치시킬지 구체적으로 스케치해 봅니다.

프로 일잘러를 위한 슬기로운 아이패드 생활

키노트로 '기획노트' 만들기

스케치 구성이 끝났다면 이제 본격적으로 키노트로 기획노트를 만들어 볼게요. 우선 아이패드에서 키노트를 열어주고 새 페이지를 만들어 줍니다. 서식의 사이즈는 4:3 비율로 해도 좋은데, 혹시 나중에 프린트를 할 예정이라면 A4 사이즈에 맞게 조절해 주는 것이 좋습니다.

<u>01</u> [프레젠테이션 생성]을 누르면 여러 가지 테마가 나오는데 여기서는 우선 '흰색' 테마를 선택한 후 텍스트 박스를 지워줍니다.

<u>02</u> 서식 사이즈는 기본적으로 4:3 사이즈로 되어 있는데, 이를 변경하기 위해서는 오른쪽 상단의 [···]에서 [문서 설정] → [슬라이드 크기] → [사용자화]에서 변경을 해주면 됩니다. 보통 A4 사이즈를 가장 많이 사용하는 편인데, 다음과 같은 크기로 입력하면 됩니다. 참고로 다른 프로그램에서는 픽셀, mm, cm 등 다양한 단위를 사용하고 있지만, 키노트에서는 pt(포인트)를 사용하고 있습니다.

· A3 = 420mm × 297mm = 1191pt × 842pt   · A4 = 297mm × 210mm = 842pt × 595pt

· A5 = 210mm × 148mm = 595pt × 420pt   · A6 = 148mm × 105mm = 420pt × 298pt

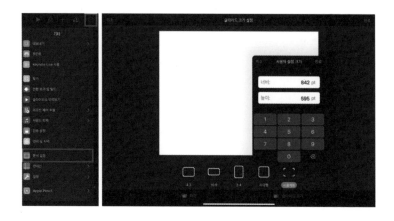

<u>03</u> 키노트로 서식을 만들 때에는 가이드 역할을 해주는 안내선 기능을 켜고 작업을 시작하는 게 좋습니다. 안내선은 오른쪽 상단의 […]에서 [안내선]을 클릭하고 '가장자리, 중앙, 간격' 안내선 켜기를 설정해 주면 됩니다.

프로 일잘러를 위한 슬기로운 아이패드 생활

04 그리고 원하는 색상을 정해 볼게요. 서식의 배경색을 바꿔주기 위해 오른쪽 상단의 [브러쉬] 아이콘을 누른 뒤 [배경]을 눌러 색상을 바꿔줄게요. [프리셋에 있는 색을 선택하거나 더 다양한 색을 사용하고 싶다면 [색상]을 눌러 원하는 색을 선택해 주세요.

05 이제 배경화면에 우리가 스케치했던 대로 요소 박스를 채워볼게요. 오른쪽 상단의 [+] 아이콘에서 [도형] 아이콘을 사용해 원하는 레이아웃을 만들어 줍니다. 최대한 도형의 크기와 배치가 앞에서 스케치한 구성과 비슷하게 제작하는 것이 중요해요. 이때 도형의 배경색은 흰색으로 지정하면 됩니다. 도형의 색은 오른쪽 상단의 [브러쉬] 아이콘의 [채우기]에서 변경할 수 있어요.

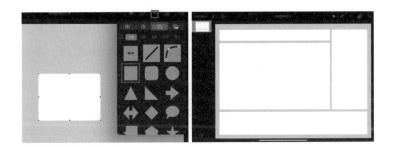

<u>06</u> 이렇게 해서 원하는 구조를 만들었으면 각각의 박스마다 제목을 입력해 줄 거예요. 오른쪽 상단의 [+] → [도형] 아이콘을 누르면 [기본] 탭에 텍스트 상자가 있어요. 여기서 텍스트를 클릭한 다음 원하는 위치로 이동을 해서 텍스트를 입력하면 됩니다.

텍스트를 입력했으면 이제 서체를 변경해 볼게요. 서체를 먼저 설정한 다음 텍스트를 입력해도 되지만, 저는 텍스트를 먼저 입력한 다음에 서체 수정을 하는 편이에요. 텍스트가 입력된 박스를 클릭한 다음 [브러쉬] 아이콘을 누른 후 [텍스트] 탭에서 글꼴과 크기, 정렬방법 등을 다양하게 설정할 수 있어요.

프로 일잘러를 위한 슬기로운 아이패드 생활

<u>07</u> 텍스트까지 입력했으면 이제 기획노트가 완성되었어요. 오른쪽 상단의 […]에서 [내보내기] 버튼을 눌러 PDF로 저장하고, 굿노트에서 불러와 사용하면 됩니다.

TIP 기획노트 활용하기

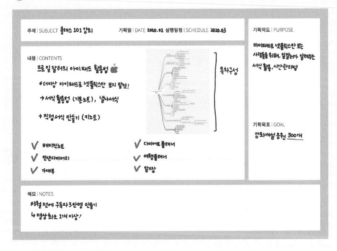

저에게 필요한 요소들로 구성한 기획노트는 주로 회의나 아이디어를 구상할 때 사용하고 있어요! 앞의 서식은 <클래스 101> 온라인 강의를 촬영하기 전 어떤 내용으로 커리큘럼을 짜볼지 구상하면서 적어본 거랍니다.

기획노트를 써보니 어떤 일을 해야 할지 계획해 보며 체크리스트까지 적어볼 수 있어 놓치는 것이 없어서 좋았고, 단순한 아이디어 구상을 넘어 앞으로 해야 할 일과 목표를 빠짐없이 점검할 수 있었어요.

물론 하는 업무나 상황에 따라 여러분들의 기획노트에 들어갈 요소와 배치는 각각 다를 거예요. 제가 저에게 꼭 맞는 서식을 만들어 사용하는 것처럼, 여러분들도 세상에 하나뿐인 나만의 기획노트를 만들어 빼곡히 채워 나가 보세요!

프로 일잘러를 위한
'프로젝트 플래너' 만들기

'기획노트'를 잘 만들었다면 이번에는 '프로젝트 플래너'를 만들어 볼 차례입니다. 프로젝트 플래너는 한 달 동안 해야 할 일을 정리하는 '먼슬리 페이지' 1장과 매일 할 일을 기록하는 '데일리 페이지' 35장(여유있게 만듭니다)을 묶어한 달짜리 서식으로 제작해 볼 거예요. '먼슬리 페이지'와 '데일리 페이지'를서로 연결하기 위해서는 하이퍼링크 기능을 이용해 각 서식으로 이동할 수있도록 해주어야 합니다. 우리가 키노트를 사용해 서식을 만드는 이유가 바로 하이퍼링크 기능을 넣을 수 있기 때문이에요. 하이퍼링크는 원하는 페이지에 링크를 삽입해 서식 안에서 버튼을 누르면 해당 페이지로 이동할 수 있는 기능으로, 플래너에서 요긴하게 쓰인답니다.

'먼슬리 페이지'를 기획해 볼게요

그럼 먼저 '먼슬리 페이지'에 어떤 요소가 필요한지 고민해 봐야겠죠?

먼슬리 페이지는 한 달 단위로 사용할 예정이기 때문에 기본적으로 월간 달력이 들어가야 할 것 같아요. 또 한 달 동안 프로젝트의 방향을 어떻게 잡을지 목표를 적는 칸을 넣고, 간단하게 메모를 할 수 있는 칸을 만들어 두면 좋을 것 같네요. 여기에 한 달 동안 진행되는 여러 개의 프로젝트를 한 번에 볼 수 있도록 프로젝트 칸을 최대한 많이 넣을 예정이에요. 그리고 각 프로젝트별 체크리스트로 일의 진행상황을 확인할 수 있으면 좋을 것 같아요.

그런데 이렇게만 구성하다 보면 앞에서 만든 기획노트와 별반 다를 게 없겠죠? 하지만 이번에는 묶음 서식을 만들 예정이니 '데일리 페이지'와 하이퍼링크가 연결되게 버튼을 넣어야 합니다. 저는 달력의 각 날짜에 하이퍼링크 버튼을 넣어 각 날짜의 데일리 페이지로 이동하게 만들 거예요. 하이퍼링크를 넣는 방법은 데일리 페이지를 만든 뒤 설명하도록 할게요.

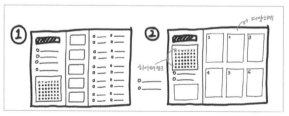

필요한 요소를 정했다면 어떤 형태로 넣을지 여러 번 그려보며 대략적인 서식의 모양을 정해 봐야 해요.

'데일리 페이지'를 기획해 볼게요

먼슬리 페이지가 한 달 동안 해야 할 일을 크게 볼 수 있도록 구성했다면, 데일리 페이지는 매일 해야 하는 세부적인 체크리스트에 초점을 맞춰 구성할 거예요. 여기에서 꼭 기억해야 할 것은 먼슬리 페이지와 데일리 페이지는 한 세트니 서로 비슷한 형식으로 만들어야 한다는 거예요.

그럼 데일리 페이지에는 어떤 요소들이 필요할지 생각해 볼까요?

⊙ 데일리 페이지(두 번째 서식)

✔ 날짜, 요일   ✔ 메모 노트

✔ 오늘의 미션(다짐)   ✔ 먼슬리 페이지로 이동하는 버튼

✔ To-do 리스트

우선 플래너를 쓰는 날이 언제인지 알 수 있게끔 날짜와 요일을 직접 적을 수 있는 칸을 만들고, 오늘 하루의 미션과 다짐을 파악하기 위한 칸, 하루 동안 할 일을 적을 수 있는 To-do 리스트를 만들 생각이에요. 그리고 일을 하거나 회의를 할 때 업무 내용을 여유있게 적을 수 있도록 노트 칸을 크게 만들어 볼 생각입니다. 마지막으로 데일리 페이지에서 먼슬리 페이지로 바로 이동할 수 있는 하이퍼링크 버튼을 넣어줄 생각입니다.

이제 각 요소가 어떤 식으로 자리잡을지 스케치를 해줍니다. 스케치를 예쁘게 할 필요는 없어요. 저는 제가 알아볼 수 있을 정도로만 간단하게 그리는 편입니다.

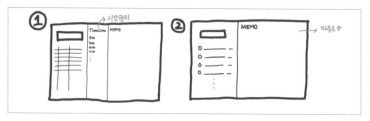

데일리 페이지의 요소들을 어떻게 배치할지 스케치를 해보았어요. 2번이 더 깔끔할 것 같네요.

키노트로 '프로젝트 플래너' 만들기

<u>01</u> 키노트로 새로운 작업을 하기에 앞서 '기획노트'를 만들 때와 마찬가지로 새로운 프레젠테이션을 생성하고, 슬라이드 크기는 842(너비) × 595(높이)의 A4 사이즈로 변경하고, 안내선 기능을 켜놓으면 됩니다.

<u>02</u> 그리고 서식의 배경색을 바꿔주기 위해 오른쪽 상단의 [브러쉬] 아이콘을 누른 뒤 [배경]을 눌러 색상을 바꿔줄게요. 여기서는 [색상] 버튼을 누른 뒤 다음 페이지로 넘겨 원하는 색상을 선택해 주세요. 저는 민트색을 좋아하기 때문에 프로젝트 플래너는 민트색으로 만들어 볼 거예요.

프로 일잘러를 위한 슬기로운 아이패드 생활

03 참고로 키노트에서는 색상을 정확히 지정하기 어려워 평소 내가 선호하는 색을 매번 똑같이 만들기 어려워요. 그럴 때는 색 조합을 알려주는 사이트 (161쪽 Tip. 유용한 색상 조합 사이트)를 참고해 마음에 드는 색 조합을 가져올 수 있어요. 예를 들어 핀터레스트 등의 색 조합 사이트에서 원하는 색 조합을 캡쳐한 뒤, 왼쪽 하단의 [+] 아이콘을 눌러 새 페이지를 추가한 후 오른쪽 상단의 [+] 아이콘 → [사진 또는 비디오]에서 캡쳐한 이미지를 추가합니다. 그리고 원하는 색을 서식의 배경색으로 바꾸려면 오른쪽 상단의 [브러쉬] 아이콘을 누른 뒤 [배경]을 눌러 [색상] 탭으로 이동해 다음 페이지의 [스포이드] 아이콘을 클릭한 뒤 원하는 색을 클릭하면 배경색이 바뀝니다.

04 그럼 이제 '데일리 페이지'를 만들어 볼게요. 오른쪽 상단의 [+] 아이콘을 눌러 사각형을 만든 후 왼쪽으로 이동해 크게 박스를 만듭니다. 그리고 박스의 색은 [브러쉬] 아이콘 선택 후 [채우기]에서 흰색으로 바꿔줄게요. 이때 양끝에 있는 안내선에 따라 위치를 배치해 주면 됩니다. 마찬가지 방법으로 우측에는 조금 더 큰 사각형을 만들어 줄게요.

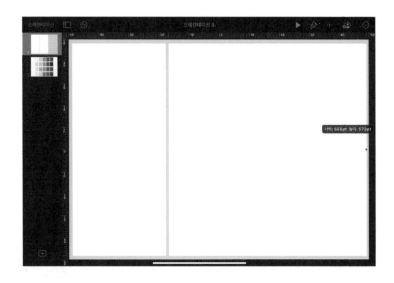

05 이렇게 해서 배경 레이아웃을 잡아주고, 왼쪽 박스의 내부에 조금 연한 컬러의 사각형을 만들어 배치해 줄 거예요. 상단에는 채우기 색상 없이 테두리만 있는 사각형을 배치해 줄게요.

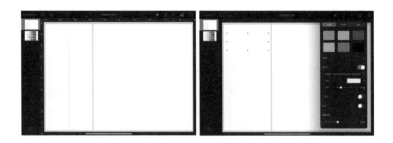

프로 일잘러를 위한 슬기로운 아이패드 생활

<u>06</u> 오른쪽 상단의 [+] 아이콘을 눌러 [도형] 탭에서 [텍스트] 상자를 이용해 박스의 각 부분에 제목을 적어줍니다. 저는 왼쪽 상단에 날짜와 요일을 쓸 수 있는 DATE와 오늘의 미션을 적을 수 있는 MISSION을 넣었어요. 바로 밑에 있는 민트색 박스 상단에는 To-do-list를 넣어 오늘의 할 일을 적어줬어요. 여러분도 여러분에게 필요한 각 항목의 제목을 적어주세요.

07 이제 오른쪽의 노트 칸 배경을 메모하기 편하도록 모눈으로 채워줄게요. 취향에 따라 모눈 혹은 줄 칸을 만들 수도 있습니다. 모눈은 외부에서 이미지를 가져올 수도 있지만, 간단하게 표 만들기로 만들 수도 있어요. 여기서는 표 만들기로 모눈 눈금을 만드는 방법을 알아볼게요.

지금 작업하고 있는 페이지에서 모눈 작업을 하면 복잡할 수 있으니 왼쪽 하단의 [+] 박스를 눌러 새로운 페이지를 하나 추가해 주세요. 그리고 새 페이지에서 오른쪽 상단의 [+] 아이콘의 [표] 탭을 선택해 투명한 배경의 표를 선택해 주세요.

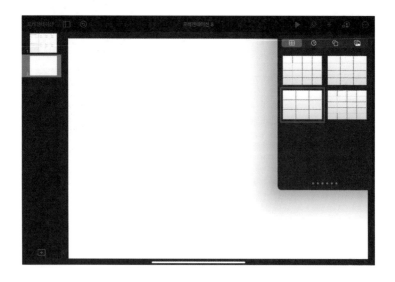

08 표가 만들어졌다면 오른쪽 상단의 [브러쉬] 아이콘을 눌러 행과 열을 늘려줄게요. 촘촘한 모눈을 만들기 위해 열과 행의 수를 각각 64로 맞춰줍니다.

09 이렇게 만든 표는 서식 위에 바로 복사해 붙여 넣어 사용할 수 있지만, 눈금의 경우 불투명도를 낮춰줘야 깔끔하게 보이기 때문에 이미지로 저장하는 단계를 거쳐야 합니다. 스플릿뷰 모드로 '사진' 앱을 오른쪽에 열어준 다음 모눈 표를 드래그하여 앨범으로 옮겨 주세요. 제대로 옮겨졌다면 앨범에 초록색 모양의 [+] 아이콘이 생길 거예요.

10 모눈이 다음과 같이 사진 앱에 잘 옮겨졌다면 이미지가 저장된 겁니다. 이제 오른쪽 상단의 [+] 아이콘을 누른 다음 앨범에서 모눈 이미지를 불러와 원하는 위치에 놓고 크기를 조절하면 됩니다.

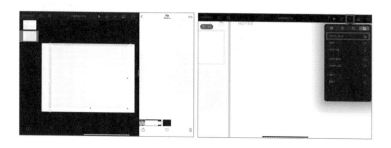

11 그럼 이제 To-do-list를 만들어 볼게요. [+] 아이콘을 눌러 [도형] 부분의 원형과 선형 툴을 이용해 만들면 됩니다. 하나를 만들어 복사해 붙이면 됩니다.

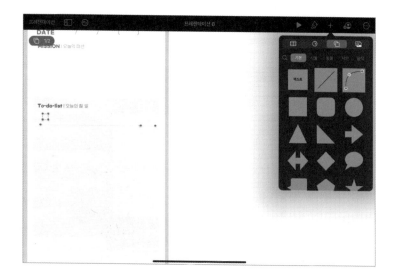

<u>12</u> 마지막으로 상단에 '먼슬리 페이지'로 이동할 수 있게 달력 모양 아이콘을 그려 넣어줄게요.

달력 아이콘은 [도형] 아이콘을 이용하면 간단하게 만들 수 있어요. 임시로 한 페이지를 만들고 다음과 같이 4개의 도형을 달력처럼 만들어 사각형 도형을 만들어 주면 되요. 그리고 전체를 선택한 다음(하나를 누르고 다른 손가락으로 각각 선택하면 됩니다) 그룹화시켜 주면 하나의 도형으로 바꿀 수 있어요.

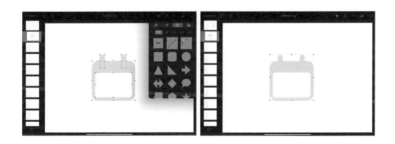

13 이렇게 '데일리 페이지'가 완성되었네요. 같은 방법으로 '먼슬리 페이지'도 만들 수 있어요. '먼슬리 페이지'도 모두 사각형, 원형, 선형, 텍스트 도구만 사용했으니 여러분도 한 번 응용해 만들어 보세요.

TIP 데일리 페이지 활용하기

이렇게 함께 만들어 본 서식을 먼저 사용해 보았어요!
To-do-list의 칸을 많이 만들어 해야 할 일들을 큰일부터 작은 일까지 상세하게 기록하고 체크할 수 있고, 하루 동안 진행했던 수많은 회의와 메모를 Notes 칸에 넉넉하게 정리할 수 있어 좋더라고요.
여러분이 직접 만들어 본 서식인만큼, 여러분의 일들로 데일리 페이지를 매일매일 채워나가 보세요. 여러분의 데일리 페이지가 어떤 일들로 가득 채워질지 궁금하네요!

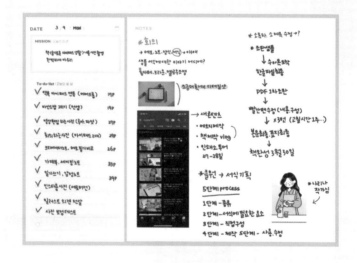

프로 일잘러를 위한 슬기로운 아이패드 생활

TIP **먼슬리 페이지 활용하기**

매일매일 처리해야 하는 단기적인 일들도 있지만, 장기적으로 계획하고 점검해야 하는 일들도 생각보다 많아요. 또 하나의 프로젝트 속에는 각각 해야 할 일들이 굉장히 많기 때문에 모두 챙기기는 쉽지 않죠.

그래서인지 먼슬리 페이지에 정말 손이 많이 가더라고요. 한 주의 계획을 세울 때, 하루를 계획할 때 이렇게 프로젝트를 기반으로 세우다 보면 훨씬 효율적으로 일정관리와 목표관리를 할 수 있답니다!

해야 할 일은 많고, 뭐부터 해야 할지 매번 고민하시는 분들에게 적절한 서식이 될 것 같네요. 여러분만의 스타일로 먼슬리 페이지를 만들어 채워보세요!

<u>14</u> 그럼 이제 '먼슬리 페이지'를 1페이지에, '데일리 페이지'를 2페이지에 놓은 다음 2페이지에 있는 데일리 페이지를 35장 복사해 주면 돼요. 35장을 복사하는 이유는 '먼슬리 페이지'의 달력 부분이 35칸(7×5)으로 구성되어 있어 각각 하이퍼링크로 연결하기 위해서랍니다.

프로 일잘러를 위한 슬기로운 아이패드 생활

하이퍼링크 연결하기

이렇게 '프로젝트 플래너'가 완성되었어요. 프로젝트 플래너는 '먼슬리 페이지'와 '데일리 페이지'가 연결되어 페이지 간 이동을 해야 하니 하이퍼링크 기능을 넣어 주어야 해요. 하이퍼링크를 연결하는 방법은 다음과 같습니다.

<u>01</u> '먼슬리 페이지'에 있는 달력의 날짜 부분의 원형 버튼을 누르면 바로 위에 메뉴 탭이 나오는데 여기서 [링크] → [다음 슬라이드에 링크] 그리고 원하는 페이지 번호(35장의 데일리 페이지)를 각각 선택해 주면 됩니다.

링크가 연결되어 파란색 화살표 아이콘이 생성되면 하이퍼링크가 정상적으로 작동한다는 거예요. 그리고 '먼슬리 페이지'의 달력뿐만 아니라 각각의 '데일리 페이지'에 있는 달력 모양 아이콘에도 '먼슬리 페이지'와 연결되게 하이퍼링크를 연결해야 해요. 참고로 키노트에서는 하이퍼링크 연결이 제대로 되었는지 확인이 안 되고, PDF로 저장한 후 굿노트에서 확인할 수 있어요.

02 이때 연결할 이미지가 [도형] 아이콘에서 만든 도형이 아니거나 달력 아이콘처럼 단일 도형이 아닌 경우 링크 연결이 바로 되지 않습니다. 이 경우 원하는 위치에 [+] 아이콘을 눌러 그 자리에 투명한 도형을 그려줘야 합니다. 도형을 추가한 후 채우기와 테두리 색상을 투명하게 바꿔주고 투명해진 도형을 클릭한 다음 링크 버튼을 눌러 이동할 슬라이드 페이지를 입력해 주면 됩니다.

03 하이퍼링크까지 연결했으면 이제 프로젝트 플래너가 완성된 거예요. 오른쪽 상단 […] 아이콘에서 [내보내기]를 눌러 PDF 서식으로 저장한 다음 굿노트, 노타빌리티 등 하이퍼링크가 지원되는 노트 필기 앱에서 불러와 사용할 수 있습니다.

프로 일잘러를 위한 슬기로운 아이패드 생활

감각적인 컬러를 사용해 필기를 하거나 자료를 만들기 위해 예쁜 색을 어떻게 찾아야 할지 고민인 분들을 위해 제가 자주 사용하는 색상 조합 사이트 몇 가지를 알려드릴게요.

1. Adobe color CC(https://color.adobe.com/)
색상 조합을 알려주기도 하고, 원하는 이미지와 어울리는 색상을 찾아주기도 해요. 한 가지 색상부터 4가지 색상 조합까지 색상 코드를 볼 수 있어 참고하기 좋아요.

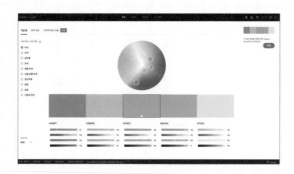

2. colllor(http://colllor.com/)
이 사이트는 여러 가지 색상 조합보다는 원하는 색상과 어울리는 음영, 유사, 혼합 등 4가지 형태의 색상 변화를 알려줘요. 그라데이션 같은 색상의 흐름을 볼 때 편리해요.

3. lolcolors(http://www.lolcolors.com/)

위의 두 사이트가 원하는 색상을 클릭해 직접 찾아보는 사이트였다면, lolcolors는 매일
새로운 색 조합이 업로드되며 여러 가지 컬러칩을 제안해 주는 사이트에요. 트렌디한 컬
러를 찾을 수 있어서 좋아요.

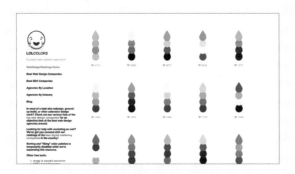

4. pinterest(https://www.pinterest.co.kr/)

핀터레스트는 이미지 기반의 소셜 네트워크예요. 여기는 예쁜 스티커를 찾을 때도 사용하
지만, 'color chip' 또는 'color palette'라고 검색해 보면 다양한 색 조합을 볼 수 있어 원하
는 색을 손쉽게 찾아 사용할 수 있을 거예요.

오직 나만을 위한 서식을 만들어 보자

지금까지 우리는 '서식을 만드는 5단계 프로세스'에 맞춰 프로 일잘러가 되기 위해 '기획노트'와 '프로젝트 플래너'를 직접 만들어 보았어요.

그럼 이제부터는 우리 곁에 항상 두고 감정이나 습관을 점검할 수 있는 '오직 나만을 위한' 기본적인 서식들을 기획해 볼 거예요. 여기서도 마찬가지로 나에게 어떤 서식이 필요한지, 그리고 그 서식을 어떻게 구성하고 디자인할지, 즉 기획의 단계가 가장 중요해요. 서식을 만드는 방법은 앞에서 배운 대로 하나씩 따라하며 익히면 되지만, 그 전에 어떤 서식을 만들어야 할지 충분히 고민하고 구성해야 오랫동안 잘 사용할 수 있답니다.

여기서는 하루를 정리하는 '일기장'과 그날그날의 감정을 정리하는 '감정일기', 낭비를 막고 돈을 모으는 '세이빙노트', 그리고 건강한 삶을 위한 '건강노트'를 어떤 의도로 제작했는지 알려드릴 거예요. 제가 디자이너 '쌤'과 함께 서식들을 만들게 된 계기와 만드는 과정을 하나씩 보여드릴테니 여러분도 이 서식들을 참고해 나에게 꼭 필요한 서식을 만들어 보면 좋겠습니다.

오늘도 나다웠다 (일기장)

〈낼나 다이어리〉를 꾸준히 쓰는 습관이 어느 정도 익숙해졌을 무렵, 저는 그저 일정관리만 하는 게 아니라 하루에 대한 나의 생각을 정리해 보고 싶어 일기장을 만들어 보기로 했어요. 그리고 나에게 어울리는 일기장은 어떤 형식으로 만들면 좋을지 고민해 봤어요.

나만을 위한 일기장을 만들기 위해 어떤 내용으로 채워볼지 기획해 봤어요!

이렇게 생각을 정리해 보니 나에게 필요한 일기장은 어떤 건지 대략 알 수 있었어요. 매일 A4용지 한 장을 다 채우기엔 부담이 될 거 같아 A4용지 한 장에 3일치를 적을 수 있게 기획했죠. 또 매일매일 일기를 쓰면 더할 나위 없이 좋겠지만 쓰다 보면 항상 작심삼일이 되는지라 정말 기억하고 싶은 날만이라도 기록해 보자는 생각에 각각 날짜를 적을 수 있게 했어요. 그리고 내일을 나답게 살기 위해 하루를 마감하며 오늘 정말 내가 나다웠는지 돌아보자는 의미에서 〈오늘도 나다웠다〉라고 이름을 붙였어요. 이렇게 매일매일 일기를 쓰는 게 부담스러운 초심자를 위한 일기장이 탄생했답니다.

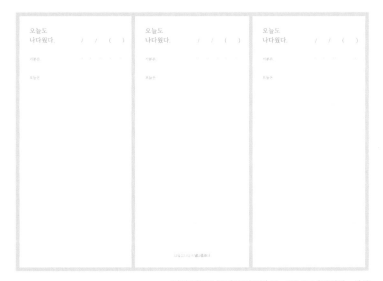

기획 내용을 토대로 만들어 본 <오늘도 나다웠다> 서식

나를 위해 직접 만들다 보니 다른 어떤 일기장보다 빼곡하게 자주 채우고 있어요.

PART 4. 나다운 삶을 위한 나만의 서식 만들기

내 마음 들여다 보기(감정일기)

어느 날 예전에 봤던 디즈니 영화 〈인사이드 아웃〉을 다시 보게 되었어요. 이 영화에는 사람들의 머릿속에 존재하는 감정 컨트롤 본부에서 불철주야 열심히 일하고 있는 다섯 가지 감정 캐릭터들의 이야기가 나와요. 그런데 항상 기쁘기만한 감정이 좋은 것만은 아니더라고요. 영화를 보면서 기쁨이, 슬픔이, 버럭이, 까칠이, 소심이 등 어느 하나 소중하지 않은 감정이 없다는 것과 긍정적이거나 부정적이거나 그때그때의 각기 다른 감정에 충실해야 한다는 것을 알 수 있었어요.

저 역시 사람들을 만나 일을 하다 보면 억울하고 힘들고 짜증나는 감정들이 생기는데 그 감정들을 그대로 스쳐 보내기보다 기록을 해두고 되돌아보면서 배울 점을 찾아보고 싶다는 생각이 들었어요.

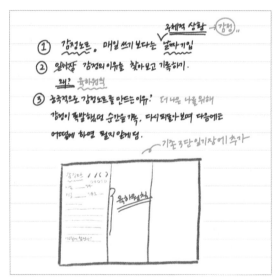

감정일기가 나에게 왜 필요한지, 어떻게 사용할 건지 구체적으로 작성해 봤어요.

프로 일잘러를 위한 슬기로운 아이패드 생활

그래서 하루 동안 있었던 '사건' 위주로 기록을 하는 일기장보다 꼭 필요한 순간을 기억하고 싶은 나의 '감정'에 초점을 맞춰 감정일기를 만들어 보면 어떨까 생각해 봤어요.

감정일기도 어떤 형태로 만드는 게 좋을지 여러 고민을 거쳐 일기장처럼 A4용지를 3등분해서 만들었고, 〈내 마음 들여다 보기〉라고 이름을 붙였어요. 그리고 감정일기에는 지금 내가 어떤 감정을 느끼고 있고, 그 감정이 긍정적인지 부정적인지에 따라 얼굴 이모티콘을 스스로 그려 볼 수 있게 넣어 봤어요. 그러면서 그 감정을 느끼게 된 이유를 찾아보는 거죠.

완성한 감정일기 서식

언제 이 감정을 느꼈고, 어디서 어떤 일이 있었기에 나에게 감정의 변화를 주었는지 상세히 적을 수 있도록 구성했어요. 그리고 나에게 이런 감정을 준 상대방은 왜 그랬을까 생각해 보고, 당시에 내가 어떤 행동을 했는지 적을 수 있게 했어요. 그리고 그때를 돌아보며 내가 했던 행동을 후회하고 있거나, 이렇게 하면 더 좋았을 텐데 하는 것들을 적은 뒤, 지금 이 상황이 나아지기 위해 내가 해야 할 것들을 적을 수 있게 구성했어요.

이렇게 만든 감정일기를 직접 써보니 평소 쉽게 드러내지 못했던 감정을 다른 사람이 아닌 나와의 대화를 통해 '나'에 대해 좀 더 잘 알게 되더라고요. 또 감정의 소용돌이에 휩쓸려 이성적인 판단이 힘든 때에는 상황을 조금 더 객관적으로 볼 수 있도록 도와주는 것 같아요.

내 마음을 들여다 보고 싶을 때 한 자 한 자 적어 내려가는 감정일기

세이빙노트

항상 소비요정이 제 귓속에 속삭입니다. '어머, 저건 사야 해' 그리고 저는 그 속삭임에 어김없이 넘어가 양손 가득 쇼핑백을 두둑하게 채워 집으로 돌아오는 날이 많았죠.

저는 평소 가계부를 쓰지 않다 보니 돈 관리를 제대로 하지 못했어요. 물론 스마트폰으로 가계부 앱을 써보기는 했어요. 자동으로 카드 사용내역과 결제금액까지 체크해 주고, 어떤 항목에서 얼만큼의 돈을 썼는지 자동으로 계산까지 해주죠. 하지만 '자동'의 늪에 빠지다 보니 실제로 얼마나 썼는지 체감이 잘 안 되더라고요. 특히 카드를 쓸 때와 현금을 쓸 때는 느낌이 확실히 달라요. 카드를 쓰는 순간은 세상 편하지만 현금을 쓸 때보다 돈을 쓴다는 느낌이 적어 지출을 통제하기 어렵죠. 가계부 앱의 경우 카드 사용내역을 정리해 주는 것이지 현금과 카드 사용을 통제해 주지는 않잖아요. 그러다 보니 소비패턴의 변화를 가져오기가 쉽지 않았죠.

그래서 저는 평소 쓸데없는 소비를 줄여 돈을 모은 후 그 돈으로 사고 싶은 것을 사보자는 생각으로 '세이빙노트'를 기획해 봤어요.

사람마다 돈을 모으는 목적은 각기 다를 거예요. 누군가는 나에게 투자하기 위해 돈을 모을 것이고, 누군가는 소중한 사람을 위한 선물을 준비하며 저축을 하겠죠. 그래서 어떤 목표가 되었든 강력한 동기부여를 위해 저축의 목표를 먼저 정하고, 그 목표를 사진으로 첨부할 수 있게 구성했어요.

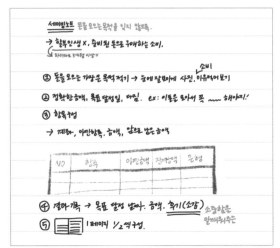

막연히 돈을 아끼는 게
아니라 돈을 모으는 게
목적임을 잊지 않도록
세이빙노트를 기획해
봤어요.

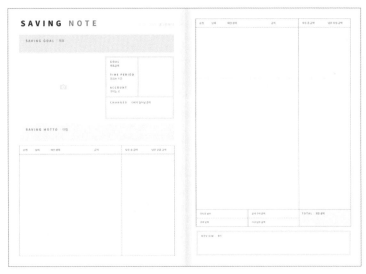

완성한 세이빙노트 서식

프로 일잘러를 위한 슬기로운 아이패드 생활

그리고 목표금액과 기간 그리고 돈이 모이는 계좌를 적어두고 앞으로 나에게 어떤 변화가 일어날지 적습니다. 예를 들어 '앞으로 커피전문점 커피를 마시기보다는 인스턴트 커피를 마시겠어'라든지 '하루에 만 원씩 저축해 보자가 될 수 있겠죠. 이렇게 다짐을 먼저 적고, 저축을 시작해 보는 거죠.

지출을 줄일 때마다 조금씩 적어 나가다 보니 목표와 가까워지는 게 눈에 보이더라고요.

나의 목표가 에어팟프로를 사는 것이라고 가정해 볼게요. 목표금액은 33만원입니다. 그럼 하루에 5천 원짜리 커피 한 잔씩을 줄이면 66일, 즉 두 달 정도면 그 목표를 이룰 수 있는 거예요. 그리고 그 과정을 세이빙노트에 기록하는 겁니다. 내가 커피를 먹지 않고 아긴 돈을 계좌에 이체하고 리스트에 적어주는 거죠. 어떤 항목으로 얼마를 아끼게 되었는지, 모은 금액이 총 얼마이며 앞으로 얼마나 남았는지 리스트업해 가면서 목표에 가까워지는 거예요.

그렇게 칸을 채우며 목표금액에 달성하게 되면 꼭 후기를 적어야 합니다. '돈을 모으는데 후기까지 적을 필요가 있나?' 싶겠지만, 내가 목표를 위해 적어내려간 항목에는 평소 굳이 사지 않아도 되었던 것들부터 내가 정말 먹고 싶었지만 참았던 것들까지 다양하게 기록되어 있기 때문에 개선된 나의 소비패턴에 대해 칭찬하는 시간을 가져볼 수도 있고, 원하는 것을 얻었다는 기쁨의 한마디를 적어보며 더 성장할 수 있다고 생각해요.

건강노트

영상 크리에이터로 활동하며 살아온 시간이 길어서인지, 건축을 공부할 때부터 수없이 해온 밤샘 작업이 원인인지는 모르겠지만 저는 항상 병을 안고 사는 편이에요. 그래서 내가 하고 싶은 것들을 제대로 하고 살려면 '건강이 최우선이구나'라는 인생의 진리를 깨닫고 열심히 운동을 했어요. 하지만 허리디스크 수술 이후 몸이 내 마음처럼 움직이지 않았고, 오랜 기간 동안 치료와 수술이 이어졌어요. 그러다 보니 운동을 다시 해보려고 해도 마음처럼 쉽지 않았아요. 그래서 회복기를 거쳐 '이제 다시 건강을 되찾아보자'라는 생각으로 걷기운동부터 기록할 수 있는 건강노트를 만들어 보기로 했어요.

건강노트는 지금의 내가 아닌, 앞으로 달라진 건강한 내 모습을 비교할 수 있도록 지금 현재 내 몸의 수치를 기록하고 10일 단위로 체크할 수 있도록 구성했어요. 만약 다이어트를 목표로 한다면 그날을 기점으로 D-day를 적고 1일 차, 2일 차 … 10일 차까지 한눈에 볼 수 있어요. 날짜 아래에는 하루의 목표를 적도록 했는데, 이 칸에는 수치를 적는 것보다 '오늘은 운동 1시

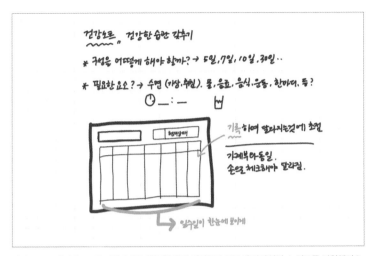

건강노트 건강한 습관 갖추기

* 구성을 어떻게 해야 할까? → 5일, 7일, 10일, 30일 ..

* 필요한 요소? → 수면(이상, 수면), 물, 음료, 음식, 운동, 한마디, 등?

기록하여 달라지는것에 초점

가계부와 동일.
손으로 체크해야 달라짐.

일주일이 한눈에 보이게

건강노트도 세이빙노트와 마찬가지로 목표를 먼저 적어두고 조금씩 가까워질 수 있도록 기획했어요.

간'처럼 행동목표를 적어두면 좋을 거 같아요. 그리고 그 밑에는 수면시간을 기록하죠. 크리에이터의 삶이 프리랜서와 비슷하다 보니 규칙적인 삶을 위해 잠든 시간과 일어난 시간을 기록하는 것도 놓칠 수 없었어요.

평소 수분 섭취도 게을리했기에 하루 8~10잔 정도 물 마시는 것을 의무적으로 체크할 수 있도록 드링크 트래커도 만들어 뒀어요. 또 식사 외에 간식이나 추가로 마신 음료수도 기록하는 게 좋아요. Work out에는 그날의 운동을 기록하는데, 체크박스를 만들어 그 옆에 그날 해야 할 운동을 미리 적을 수도 있고, 운동을 하고 나서 기록할 수도 있어요. 그리고 마지막으로 건강을 위해 노력한 오늘의 기분을 적어보는 것도 필요해요.

PLANNER
FOR MYSELF

완성한 건강노트 서식

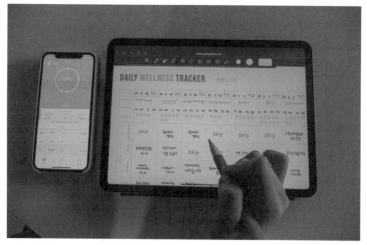

운동뿐만 아니라 건강과 관련된 모든 습관을 기록할 수 있어 적는 것만으로도 뿌듯한 서식이랍니다.

프로 일잘러를 위한 슬기로운 아이패드 생활

지금까지 조금씩 더 나은 내가 되기 위해 제가 직접 제작했던 서식들과 만드는 과정을 보여드렸어요. 이 서식들은 나에게 어떤 변화가 필요하고, 내가 어떤 일을 해야 할지 충분히 고민하며 오직 나라는 한 사람을 위해 만들었기 때문에 다른 서식보다 더 애착을 가지고 유용하게 활용하고 있어요.

여러분에게 무엇이 필요한지는 그 어떤 사람들보다도 본인이 가장 잘 알고 있을 거예요. 내 하루를 되돌아보며 어떤 시간을 더 유용하게 채워보고 싶은지 고민해 보고, 그 시간을 위해 여러분만의 서식을 기획해 꼭 만들어 보세요. 그리고 매일매일 쓰다 보면 나의 모든 것을 담을 수 있는 가장 나를 위한 서식이 완성될 거예요!

TIP 색상 칼라칩

제가 자주 사용하는 색 조합 코드입니다. 컬러코드를 참고해 굿노트의 펜 색상을 바꿔 자유롭게 사용하세요.('낼나 서식 패키지'에 포함되어 있습니다)

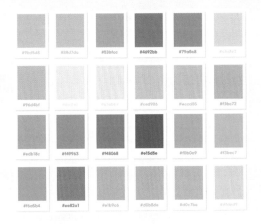

PART 4. 나다운 삶을 위한 나만의 서식 만들기

키노트로 업무용 스티커 만들기

우리는 '프로젝트 플래너'의 데일리 페이지를 기획할 때 많은 요소를 넣기보다는 넓은 노트를 만들어 자유롭게 쓸 수 있는 형태로 만들었어요. 여기서는 이 노트에 넣을 수 있는 평소 우리가 자주 사용하는 업무용 서식을 스티커로 만들어 보려고 해요.

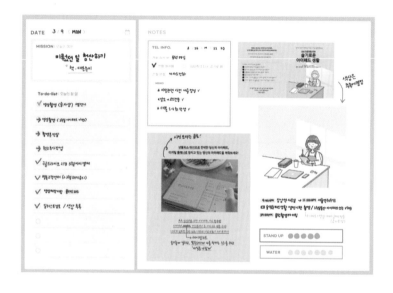

제가 만들어 볼 업무용 스티커는 5가지 정도예요. 첫 번째는 오늘 하루 중 감사한 일을 간단하게 적어 볼 수 있는 감사 메모, 두 번째는 하루 업무시간을 구체적으로 계획할 수 있는 타임 테이블, 세 번째는 폴라로이드 모양의 메모지, 네 번

째는 해빗트래커, 마지막으로는 전화 메모를 만들려고 합니다. 이러한 타임 테이블이나 전화 메모 등은 여러분이 매일 사용하고 있는 플래너 등에 추가해 편리하게 사용할 수 있어요. 참고로 5가지 업무용 스티커는 '낼나 서식 패키지'에 포함되어 있으니 다운받아 사용하시면 됩니다.

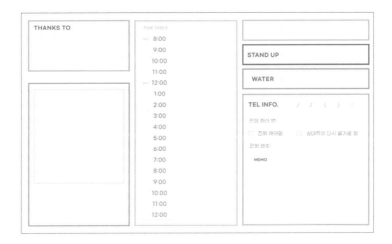

업무용 스티커도 기획노트와 프로젝트 플래너를 만들었던 것처럼 키노트의 도형 툴과 텍스트를 사용하면 간단하게 만들 수 있어요. 중요한 건 서식을 많이 만드는 것보다 내가 어떤 메모 스티커가 필요한지 먼저 생각해 보는 거예요. 우선 여기서는 감사 메모장을 만들어 스티커로 활용하는 방법을 알아볼게요.

01 키노트에서 빈 프레젠테이션을 만들고, 우측 상단의 [+] 아이콘를 눌러 사각형을 추가한 다음 [브러쉬] 아이콘을 눌러 색상과 테두리 두께 등을 선택해 줍니다. 저는 박스 안은 흰색, 외곽선은 보라색 3pt 두께로 설정했어요.

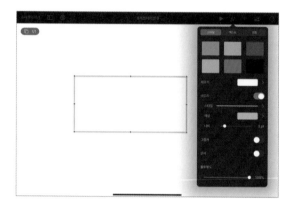

02 그리고 [+] 아이콘을 눌러 왼쪽 상단에 텍스트를 추가해 줍니다. 원하는 문구와 폰트로 작성하면 돼요. 감사 메모장은 'Thanks To'라고 적어두었어요.

프로 일잘러를 위한 슬기로운 아이패드 생활

03 여기에 간단하게 밑줄을 넣어 글을 편하게 쓸 수 있도록 만들었어요. [+]을 누른 뒤 선을 선택해 4줄을 그려준 다음, [브러쉬] 도구를 선택해 색상과 두께를 자유롭게 지정해 주세요.

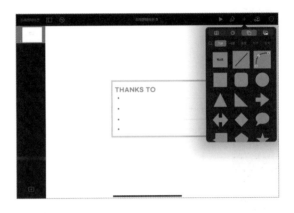

04 줄들을 가운데 정렬한 다음, 전체를 선택해 그룹화시켜 주세요.

05 이런 과정을 통해 저는 5가지 종류의 업무용 스티커를 만들었어요.

06 이렇게 키노트로 만들어 복사해 굿노트에 붙여 넣어 사용할 수 있지만, 그렇게 하면 화질이 좋지 않아요. 텍스트가 없는 간단한 도형은 복사해 붙여넣기 해서 사용해도 별 문제가 없지만, 텍스트가 있는 경우에는 PDF로 저장한 다음 굿노트에서 불러와 사용해야 해요. 오른쪽 상단의 [⋯] 아이콘을 눌러 [내보내기] → [PDF]로 저장해 주세요.

프로 일잘러를 위한 슬기로운 아이패드 생활

07 그럼 업무용 스티커를 우리가 자주 사용하는 스티커북에 넣어 볼게요. 키노트로 만든 업무용 스티커를 굿노트에서 불러올게요. 그리고 [올가미] 툴로 원하는 스티커를 지정하고 그 부분을 누르면 [스크린샷 촬영] 버튼이 나옵니다.

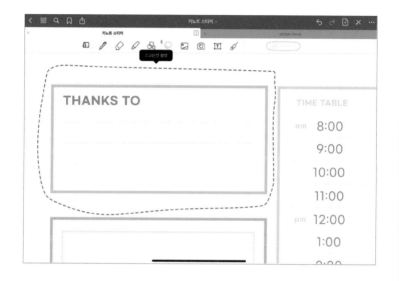

08 그다음 오른쪽 상단의 [내보내기] - [복사]를 선택한 다음 평소 사용하는 스티커북을 열어 붙여 넣어 주세요. 이때 붙여 넣은 스티커의 가장자리를 외곽선에 가깝게 잘라야 다른 서식에 붙일 때 깔끔합니다. [자르기]를 선택하고 박스 상단 또는 오른쪽의 [자르기] 툴로 스티커의 외곽선에 최대한 맞춰 잘라줍니다. 이렇게 스티커북에 저장해 둔 메모 스티커는 필요에 따라 사용해 주면 됩니다.

프로 일잘러를 위한 슬기로운 아이패드 생활

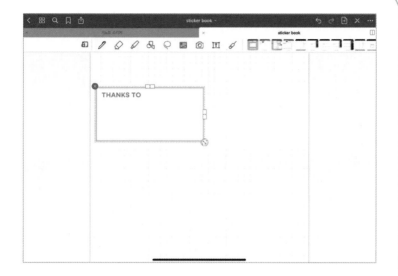

PART 4. 나다운 삶을 위한 나만의 서식 만들기

부록 1

Smart Life Style with IPAD

일
잘
러
들
의
아
이
패
드 생
활 엿
보
기

저는 부산에 살고 있는 평범한 회사원입니다. 현재 의류 쇼핑몰에서 CS로 일하고 있어요.

　저는 다이어리에 스티커를 잘 활용하고 있어요. 항상 책 읽어야지, 신문 읽어야지, 공부해야지 하면서도 흐지부지 넘어가기 일쑤인데, 마음에 드는 디자인 스티커와 업무용 스티커를 잘 활용해 다이어리에 붙여두면 한눈에 쏙 들어오니까 동기부여가 더 잘 되더라고요. 내일 책을 읽겠다 하면 미리 다이어리에 독서 스티커를 붙여두고요, 이번 주에 스트레칭을 꾸준히 해보자 하면 스트레칭 트래커 스티커를 붙여 놓는 식이에요. 저는 보통 전날에 다음 날의 계획을 세우는 편이라 그날의 목표에 따라 스티커를 미리 붙여 두고 있어요. 그러면 놓치는 것 없이 제대로 하게 되더라고요.

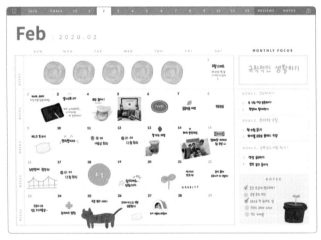

직접 그린 스티커를 활용해 월간 계획을 세우고 있어요.

위클리 플래너는 용도에 맞는 여러 가지 스티커를 활용해 변화를 주고 있어요.

일기장에는 책에서 본 좋은 문구나 시, 영화평을 적고 있어요.

▌제제 님의 슬기로운 아이패드 생활 ▌

저는 경북에서 두 살 된 아기를 키우고 있는 육아맘입니다. 중학교에서 체육을 가르치고 있는데, 지금은 육아에 전념하기 위해 육아휴직 중이랍니다.

저는 일기장을 아기의 성장일기로 활용하고 있어요. 아이패드에 쓰는 디지털 일기장은 모든 순간의 추억을 기록할 수 있고, 아기 사진을 함께 넣을 수 있어서 너무 좋아요. 아기에게 미안한 날은 일기장에 편지를 쓰면서 마인드 컨트롤을 하고 있어요. 그리고 저는 월간 플래너에 이유식 사진을 넣어 아기 이유식 달력으로 활용하고 있는데, 아기가 먹는 이유식을 한눈에 볼 수 있어 너무 좋더라고요.

성장일기는 직접 찍은 사진과 함께 매일매일 기록합니다.

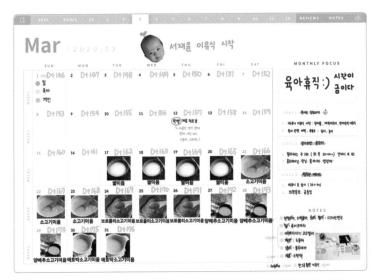

건강한 아기를 위해 아기가 먹는 이유식을 월간 단위로 계획합니다.

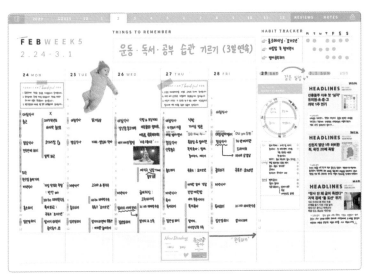

위클리 플래너에는 육아와 집안일부터 개인 일정까지 한눈에 볼 수 있도록 꼼꼼하게 기록하고 있어요.

▎달아 님의 슬기로운 아이패드 생활 ▎

저는 제주에 살고 있는 평범한 대학생 달아라고 합니다. 독특한 취미는 없지만 요즘 아이패드로 그림을 그리고, 다이어리 꾸미는 스티커를 만드는 데 푹 빠져 있습니다. 지금보다 더 그림을 잘 그리게 되면 개개인에 맞는 퍼스널 스티커를 만들어 보고 싶어요.

저는 다이어리를 쓰며 목표관리를 중점적으로 활용하고 있어요. 먼슬리 플래너에 가장 먼저 저의 한 달 목표를 설정하고 세부목표마다 실천사항을 적어 실천하고 있는데, 이렇게 하니 자칫 나태해질 수 있는 방학에도 부지런하게 생활을 할 수 있었어요.

좋아하는 캐릭터 스티커를 활용한 먼슬리 페이지입니다.

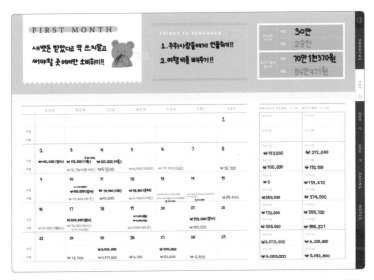

한 달의 소비를 한눈에 확인할 수 있는 가계부에는 하루의 수입과 지출을 꼼꼼하게 기록하고 있어요.

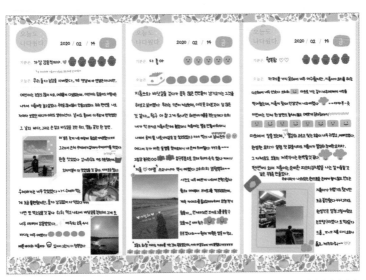

제주의 분위기가 물씬 느껴지는 사진과 함께 꾸며본 나만의 일기장이랍니다.

부록1. 일잘러들의 아이패드 생활 엿보기

저는 영상을 제작하는 PD로 일하고 있어요. 요즘은 좀 더 감각적인 영상을 기획하고 연출하고 싶어서 열심히 공부하는 중이랍니다.

저의 가장 최애템은 '바디플래너'에요! 한참 건강관리에 관심이 많을 때 딱 맞게 시작해서 더 애착이 가요. 그중 '열흘의 기록'을 제일 좋아하는데요, 매일 나의 일을 돌아보고 기록한다는 게 생각만큼 쉽지 않은 일인데도 계속하게 되더라고요. 그만큼 나에게 시간을 쏟고 알아보는 시간이 생긴다고 생각하니 괜히 뿌듯해지더라고요. 또 나의 소중하고 좋아하는 시간이 생겼다는 점이 제가 바디플래너를 제일 좋아하는 이유랍니다!

한참 건강관리에 관심이 많을 때 딱 맞게 시작해서 더 애착이 가는 바디플래너

유튜브에서 운동 영상을 찾아 잘 정리해 놓았어요.

해외여행도 여행플래너에 직접 손으로 쓰고 사진을 넣으니 훨씬 기억에 남아요.

부록1. 일잘러들의 아이패드 생활 엿보기

샐리 님의 슬기로운 아이패드 생활

저는 부산에 살고 있으며 먹고 노는 게 제일 좋은 평범한 여자 사람입니다. 커피를 좋아해 커피를 전공했고, 최근에 비건 베이커리 카페를 오픈했어요. 기왕 먹는 디저트를 주변인들과 좀 더 건강하게 오래 먹으면 좋잖아요.

저는 위클리 플래너 위주로 다이어리를 적고 있어요. 작게라도 하루를 기록할 수 있고 일주일을 한 번에 볼 수 있어 한 주를 정리하기에 좋은 거 같아요. 제 성격상 데일리 플래너를 썼다면 며칠 하다가 귀찮아서 끝까지 못 썼을 텐데, 제가 쓰는 위클리 플래너는 크게 부담이 없어서 꾸준히 쓰기 좋은 거 같아요.

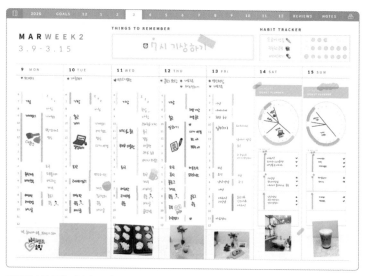

부담없이 한 주를 기록하고 체크하는 위클리 플래너입니다.

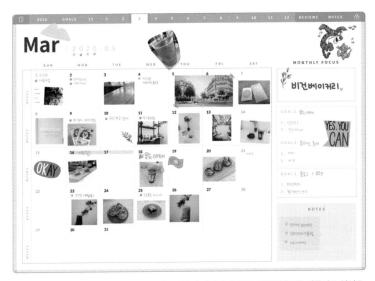

저는 먼슬리 페이지에 직접 만든 디저트를 기록하고 있어요.

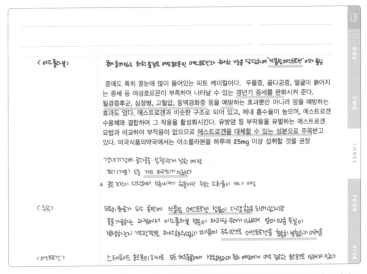

인덱스노트에는 베이커리 레시피와 관련된 자료들을 기록하고 있어요.

저는 서울에 살고 있는 30대 초반의 회사원입니다. 실험기기 판매업체에서 디자인을 하고 있어요. 전공은 산업디자인인데, 현재 하는 일은 시각디자인 업무가 주예요. 저는 마블, 미니언즈, 그리고 저의 반려견 안타를 엄청 좋아해요. 특히 요즘 반려견 영상을 찍어서 아이패드로 영상 편집하는 것에 재미를 느끼고 있습니다.

저는 다이어리에 업무일지를 주로 쓰고 있어요. 아이패드로 디지털 업무일지를 꼬박꼬박 쓰다 보니 하루의 업무를 꼼꼼하게 체크하게 되어 그날의 일정을 놓치지 않고 정리할 수 있어 아주 도움이 되고 있어요.

저는 데일리 플래너에 그날그날의 업무를 꼼꼼하게 기록하고 있어요.

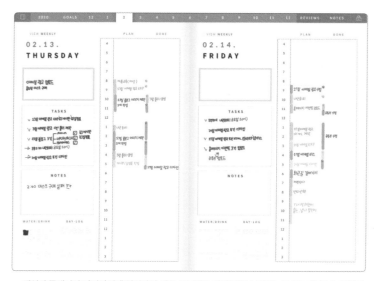

데일리 플래너의 타임라인에 일정마다 색을 구분해 놓아 계획을 실천했는지 한눈에 볼 수 있어요.

먼슬리 플래너에는 한 달 동안 진행해야 하는 업무를 한눈에 볼 수 있도록 기간설정을 해두었어요.

부록1. 일잘러들의 아이패드 생활 엿보기

저는 대구에 살고 있는 20대 사회 초년생입니다. 사회복지기관에 근무하다 그만두고 현재 이직을 준비하고 있어요. 나중에는 사회복지 관련 일을 하면서 캘리그래피 자격증을 따서 캘리그래피 강사로도 활동하고 싶은 꿈이 있습니다.

저는 주로 아이패드로 글씨 연습을 하고 있어요. 직장에서 일을 할 때 타이핑보다 손으로 글씨를 써야 하는 일이 많은데, 그럴 때마다 스트레스를 받았어요. 그런데 글씨를 잘 쓰는 사람들의 필체를 따라 쓰며 제 글씨의 문제점을 알 수 있게 되었고, 꾸준히 따라 쓰다 보니 또박또박 잘 쓸 수 있게 된 것 같아요. 이제는 디지털이든 아날로그든 글씨를 쓸 때마다 스트레스를 받는 일도 많이 줄어들었고, 저의 글씨를 사랑할 수 있게 되었어요.

아이패드로 캘리크래퍼의 손글씨 교본을 따라 쓰며 글씨 연습을 하고 있어요.

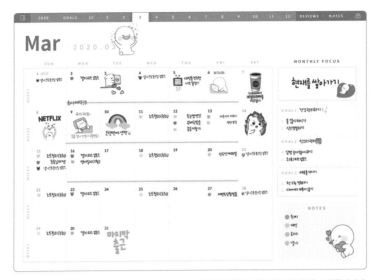

정돈된 글씨로 적어본 저의 한 달 스케줄입니다.

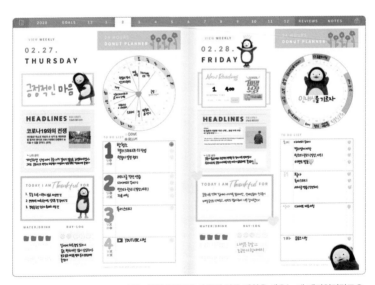

저는 원형계획표를 사용해 하루 계획을 세우는 게 재미있더라고요.

부록1. 일잘러들의 아이패드 생활 엿보기

저는 건강한 라이프를 지향하는 20대 후반의 취준생입니다. 현재는 필라테스 강사를 준비하고 있어요.

저의 최애템은 '인덱스노트'입니다. 처음에는 그냥 굿노트에 중구난방 이것저것 쓰다 보니 정리도 안 되고, 원하는 정보를 빠르게 찾기가 어려웠는데, 인덱스노트를 딱 보는 순간 바로 이거다 싶었어요. 제가 원하는 느낌으로 노트를 쓸 수 있고, 하이퍼링크로 바로바로 원하는 페이지를 이동할 수 있고, 디자인도 너무 깔끔해서 좋았어요. 요즘은 요리 레시피랑 한국사 공부, 독후감 등등 여러 방면으로 인덱스노트를 활용하고 있답니다.

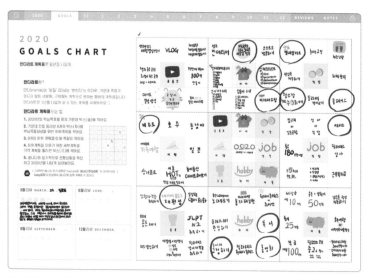

저의 새해 목표를 정리해 본 만다라트입니다.

Name 닭도리탕

매콤달콤

How to make
1. 닭을 센불에 삶아준다. 불순물이 뜨면 제거한다.
2. 삶은 닭은 한번 헹궈준다.
3. 닭이 잠기도록 물을 넣고 설탕 3스푼을 넣고 끓인다.
4. 다진마늘 1스푼, 생강가루 0.5스푼을 넣고 끓인다.
5. 진간장 반컵, 고추가루 한컵을 넣고 바글바글 끓인다.
6. 감자+당근+양파+대파순으로 투입한다.
7. 마무리 후추를 툭툭 2번 쳐준다.

NOTE
요번엔 양조간장에 실패했으나, 흑미 쌀밥을 예쁘게마하며 센불에 나온다. 그래도 매우 맛있게 먹어하며 아저씨에게 밥+닭도리탕+김+치즈 다 붙어 볶음밥을 해먹었다.
진짜 버터에 구운 맛있다. ?? 어번 닭도리탕에 가장 사랑받은 롱맥을 고집하는 아버님 적당히 넣는 것! 다음엔 더 맛있게 만들자!

Name 아웃백 투움파 파스타

원조 그대로의 맛

How to make
1. 생크림 250ml + 쪽파 쫑쫑 3줄 + 맛술 1T + 후추 간장 1.5T 넣고 30분 이상 숙성한다.
2. 냉동새우는 해동후 고추가루 1T + 소금.후추를 조금 넣고 버무린다.
3. 오일 + 양파 + 베이컨 + 브로콜리 + 새우순으로 후라이팬에 볶는다.
4. 후라이팬에 숙성된 생크림소스를 함께 볶는다.
5. 삶은 면을 넣고 후라이팬에서 볶는다.
6. 마무리로 고기 듬뿍 구워서 올려서 먹는다.

NOTE
쫑파가 대문에 인팩에서 요리 했는데 피팅이 너무 진했는. 다음엔 꼭 대파- 많고 쪽파를 이용하도록 하자!
가득 레시피에서 간장을 1.5T 하고 1T로 넣고 고추가루 좀더 하고 생흡이 버썸을 넣고니 더 쉽고고 식감이 끝난다.

저는 인덱스노트를 활용해 저만의 요리 레시피를 정리하고 있어요.

저는 군산에 살고 있는 28살의 직장인이에요. 현재 햄버거 프렌차이즈인 M 사에서 부점장으로 일하고 있어요.

저는 다이어리 꾸미는 걸 너무 좋아했어요. 원래는 손으로 직접 쓰는 '다꾸'를 했었는데, 아무래도 스티커나 메모지 등을 사서 오리고 붙이고 하다 보니 점점 두꺼워지는 다이어리를 보관하기 힘들어지더라고요. 그런데 아이패드로 쓰는 다이어리는 언제 어디서나 아이패드와 펜슬만 있으면 예쁜 스티커를 무제한으로 사용하며 편하게 다꾸를 할 수 있어 너무 좋아요. 더 이상 카페에 갈 때 예전처럼 바리바리 싸들고 가지 않아도 되는 점도 너무 좋고요. 요즘은 저만의 스타일대로 다이어리를 채워가며 하루하루를 기록하는 재미로 살고 있어요.

종이 다이어리보다 더 많은 것이 담긴 저의 디지털 플래너에요.

한 주 동안의 할 일을 한눈에 보며 목표를 이루어가는 위클리 플래너입니다.

하루의 끝은 데일리 플래너의 감사일기로
마무리합니다.

부록1. 일잘러들의 아이패드 생활 엿보기

저는 경기도에 살고 있는 20대 후반의 회사원입니다. 반복적인 일상을 떠나 여행 다니는 걸 매우 좋아하고, 영화와 드라마, 아이돌 덕질도 아주 좋아해요. 현재 저는 작은 규모의 회사에서 회계 업무를 보고 있습니다.

저는 다이어리에 리뷰를 많이 쓰는 편이에요. 짤막하게라도 오늘은 어땠는지, 오늘은 어떤 영화를 봤는지 등을 남겨두는 걸 좋아하는 편이라서 항상 기록을 하고 있어요. 특히 제가 쓰는 플래너에는 다른 페이지로 연결해 주는 하이퍼링크 기능이 있는데, 편리해서 너무 좋아요. 재미있고 신기하다 보니 계속 기록을 남기게 되고, 이 기록들은 내일을 더 열심히 살게 해주더라고요.

저는 리뷰 노트를 활용해 나만의 문화의 전당을 만들고 있어요.

데일리 플래너에는 그날의 일정관리부터 오늘의 뉴스, 그리고 일기까지 한 번에 정리하고 있어요.

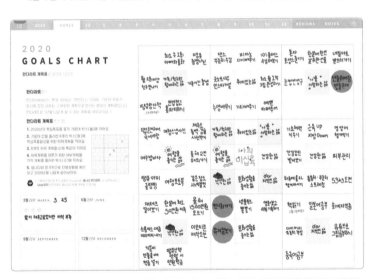

만다라트로 정리한 저의 1년 목표에요. 3개월 단위로 실행 여부를 체크하고 있어요.

부록 2

Smart Life Style with IPAD

슬기로운 아이패드 생활에
도움이 되는 추천 앱

| # 어도비 포토샵 스케치
Adobe Photoshop Sketch

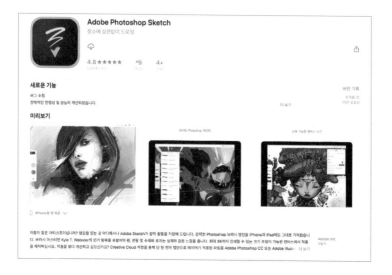

리지가 〈어도비 스케치〉를 추천하는 이유

아이패드와 애플 펜슬을 가지고 그림 그리기를 취미로 가져보려 할 때 유료 어플을 구매하기엔 아직 부담스러운 분들께 추천드리는 무료 스케치 앱이에요.

직관적인 디자인으로 손쉽게 사용할 수 있고, 여러 가지 질감의 브러쉬를 사용해 나만의 예술작품을 만들 수 있다는 게 장점입니다. 다른 앱과는 다르게 컬러 피커를 누르면 앱 테마에서 여러 가지 색상을 추천해 주고 있어요. 색상 선택을 하는 데 어려움을 느끼는 분들께 특히 유용할 거예요.

장점

손그림 느낌을 그대로 살릴 수 있어요. 연필, 펜, 수채화, 아크릴 등의 브러쉬가 정교하고 질감 표현이 사실적이라 현실 세계에 있는 것 같은 예술작품을 만들기 좋아요. 브러쉬를 세워서 쓰거나 눕혀서 쓰는 것에 따라 표현이 다양해지고, 다른 드로잉 앱처럼 여러 레이어를 사용할 수 있어 수정을 쉽게 할 수 있어요.

단점

무료이지만, 어도비에 회원가입을 한 후 로그인을 해야 한다는 점이 단점이에요. 다만 첫 로그인을 해두면 자동 로그인이 되기 때문에 이후에는 괜찮아요.

입문자에게는 더할 나위 없이 좋은 앱이지만, 영역을 선택할 수 있는 올가미 툴이나 색상을 전체적으로 칠할 수 있는 페인트 툴, 색감 조정 등 전문적인 작업을 하기에는 기능이 조금 아쉬워요.

부록2. 슬기로운 아이패드 생활에 도움이 되는 추천 앱

컨셉
Concept

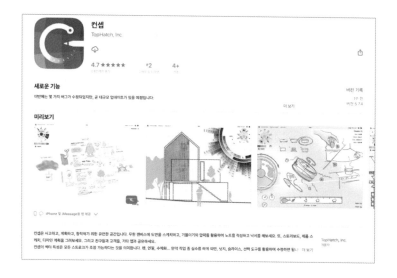

리지가 〈컨셉〉을 추천하는 이유

아이패드를 사용하다 보면 정리된 필기를 하기도 하지만, 때로는 연습장에 여러 가지 아이디어를 주욱 늘어놓기도 합니다. 그럴 때 사용하기 좋은 앱이 바로 컨셉인데, 무한대로 확장되는 캔버스에 원하는 만큼 자유자재로 필기할 수있어요. 평소에 종이 연습장을 자주 사용하는 분들께 추천드리는 앱입니다.

컨셉은 무료 버전과 월 결제 버전이 있어요. 그림을 전문적으로 그리고 싶다면 유료 결제를 해서 사용하는 걸 추천하지만, 연습장으로 무한캔버스 기능만을 사용한다면 기본으로 제공되는 무료 기능만으로도 충분해요.

장점

화면 속 캔버스의 사이즈가 내가 원하는 대로 끝도 없이 늘어난다는 게 가장 큰 장점이에요.

회의할 때 이런저런 아이디어를 던지면서 화이트보드에 적어가다 보면 적을 공간이 없는 경우가 생기잖아요? 이럴 때 캔버스를 늘려가며 떠오르는 아이디어를 적기에 최적화되어 있어요. 또 여러 가지 색상을 컬러칩으로 제안해 줘서 다양한 색상으로 필기할 수 있어요.

단점

무료 버전에서는 PDF를 넣거나 다른 서식을 사용하기 어려워 메인 필기 앱으로 사용하기에는 조금 부족해요. 그리고 다양한 브러쉬를 사용하려면 유료 결제를 해야 해요. 또 앱 자체의 필압이나 브러쉬의 느낌이 썩 좋은 편은 아니라 스케치를 하기에는 아쉬운 점이 있어요.

부록2. 슬기로운 아이패드 생활에 도움이 되는 추천 앱

노션
Notion

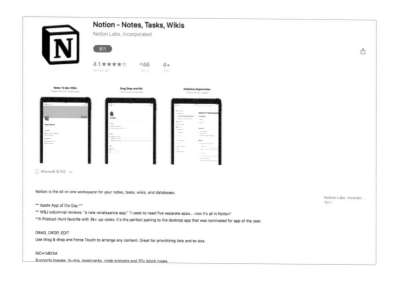

리지가 〈노션〉을 추천하는 이유

노션은 메모 앱으로 많이 알려져 있지만, 사실은 스타트업에서 협업 툴로 개발된 공용업무용 프로그램이에요. 협업을 위한 툴인 만큼 에버노트, 트렐로, 베어, 워크플로우 등 다른 앱과의 호환성이 아주 좋아 모든 정보를 관리하고 정리할 게 많은 분들께 특히 추천드리는 앱이에요.

공용으로 사용하기에도 좋지만, 개인의 정보 아카이브로도 사용하기 좋습니다. 특히 윈도우, 안드로이드, iOS에서 모두 사용이 가능하다는 점이 특징입니다.

장점

깔끔한 인터페이스로 손쉽게 사용할 수 있어요. 그리고 가장 큰 장점이자 매력 포인트는 페이지 안에 또 페이지를 만들 수 있다는 점이에요. 또 목차가 따로 필요없이 정보 저장을 쉽게 할 수 있고, 드래그앤드롭으로 모든 것들이 이동가능하다는 점과 링크나 동영상을 임포트하기 간편하다는 장점이 있습니다.

단점

기능이 많다 보니 앱이 조금 무거운 느낌이 들어요. 아이패드로 쓸 때는 일반 메모장에 쓰는 것보다는 살짝 버벅이는 느낌이 있어요. 또 문서 작성 툴이 아니다 보니 행간이나 자간을 수정할 수 없어요.

그리고 유료라는 점이 어쩌면 큰 단점일 수 있어요. 그래서 무료 체험을 해보시고 마음에 들면 결제해서 사용하는 것을 추천드립니다.

부록2. 슬기로운 아이패드 생활에 도움이 되는 추천 앱

마인드노드
MindNode

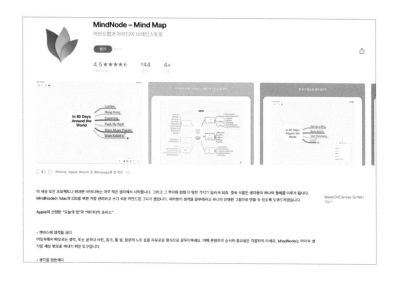

리지가 〈마인드노드〉를 추천하는 이유

손글씨가 익숙하지 않은 아이패드 유저들은 생각정리를 필기로 하는 게 어렵고 어색할 거예요. 그런 분들께 추천드리는 앱이 마인드맵을 체계적으로 그릴 수 있는 마인드노드입니다.

각각의 아이디어를 하나의 줄기로 연결해 풀어나갈 수 있기 때문에 어려운 생각을 간단하고 직관적으로 나열이 가능합니다.

특히 iOS에 최적화되어 있어 맥북을 함께 사용하면 맥북과 아이패드, 아이폰이 연동되어 언제 어디서나 작업했던 마인드맵을 불러올 수 있어요.

장점

깔끔한 인터페이스로, 누구나 손쉽게 시작할 수 있어요. 글씨를 쓰고 더블탭을 한 다음 이어서 가지치기를 하면 쉽게 마인드맵을 그릴 수 있어요. 작성한 내용은 드래그앤드롭으로 이곳저곳에 옮길 수 있고, 만들어 둔 마인드맵을 목차로 정리하면 제안서에 첨부할 자료도 뚝딱이에요. 스티커나 이미지를 첨부할 수도 있어요.

단점

일부 기능은 유료로 업그레이드해야 한다는 점인데, 연간 혹은 1개월 단위로 월 결제해야 한다는 점이 약간 부담스러울 수 있어요.

그리고 다른 운영체제의 스마트폰과 윈도우 PC에서는 호환이 되지 않기 때문에 아이패드 등 iOS에서만 사용해야 한다는 단점이 있습니다.

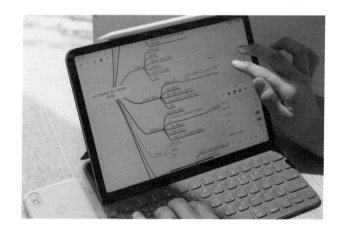

샌드애니웨어
Sendanywhere

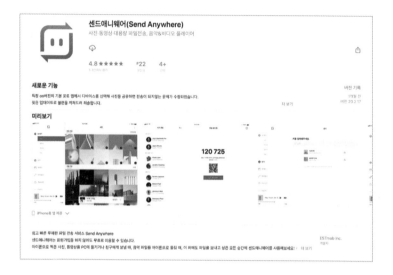

리지가 <샌드애니웨어>를 추천하는 이유

아이패드와 맥북 그리고 아이폰까지 사용하고 있는 저는 애플의 가장 큰 장점인 에어드롭으로 파일을 손쉽게 주고받고 있어요. 하지만 원거리간 파일 전송을 할 때나 윈도우 PC나 안드로이드 스마트폰 사용자에게 대용량 파일을 보낼 때는 샌드애니웨어를 사용하고 있어요.

무료 버전의 경우 1회 업로드 가능한 용량이 10GB이고, 링크 공유는 48시간 동안 유효하지만, 유료로 업그레이드하면 최대 50GB까지 간편하게 전송할 수 있어요.

장점

iOS, 안드로이드, Windows, Mac 등 디바이스와 운영체제를 가리지 않고 어디로든 파일을 보내고 받을 수 있어요. 보내는 방법 또한 간편하고 쉬워요. 홈페이지나 앱에 접속한 다음 + 버튼을 누른 뒤 원하는 파일을 첨부하고, 인증번호를 생성한 다음 다운받을 디바이스에서 인증번호만 입력하면 바로 파일을 받을 수 있어요.

단점

전송 용량에 있어서 10GB 이상 전송을 원한다면 유료 플랜을 사용해야 해요. 또 무료 버전의 경우 공유한 링크가 48시간까지만 유효하고, 파일을 보내거나 다운로드할 때 5초 정도의 광고를 봐야 한다는 점도 불편할 수 있어요.

부록2. 슬기로운 아이패드 생활에 도움이 되는 추천 앱

자기계발부터 목표관리, 취미생활까지 아이패드 100% 활용법

프로 일잘러를 위한 슬기로운 아이패드 생활

초판 1쇄 발행 2020년 4월 20일
초판 4쇄 발행 2021년 3월 10일

지은이 이지은
펴낸이 백광옥
펴낸곳 천그루숲
등 록 2016년 8월 24일 제25100-2016-000049호

주소 (06990) 서울시 동작구 동작대로29길 119
전화 0507-1418-0784 **팩스** 050-4022-0784 **카카오톡** 천그루숲
이메일 ilove784@gmail.com

기획 / 마케팅 백지수
인쇄 예림인쇄 **제책** 예림바인딩

ISBN 979-11-88348-63-3 (13320) 종이책
ISBN 979-11-88348-64-0 (15320) 전자책

이 도서의 국립중앙도서관 출판예정도서목록(CIP)은 서지정보유통지원시스템 홈페이지(http://seoji.nl.go.kr)와
국가자료공동목록시스템(http://www.nl.go.kr/kolisnet)에서 이용하실 수 있습니다.
(CIP제어번호 : CIP2020013707)